THE RICHEST MAN IN BABYLON

バビロンの大富豪

「繁栄と富と幸福」はいかにして築かれるのか

【文庫版】

ジョージ・S・クレイソン●著　大島 豊●訳

グスコー出版

THE RICHEST MAN IN BABYLON

by

George Samuel Clason

1926

あなたの前には、未来への道がはるか彼方へと続いている。その道沿いには、あなたが達成したい望みや、満たしたい欲求がある。

望みや欲求を手にするためには、まずは金銭のうえで成功しなければならない。そのためにはこの本で明らかにされている「原則」をぜひ活用していただきたい。この「原則」を頼りに、金に不自由する暮らしから抜け出し、より充実した幸福な生活へと進んでいただきたい。

「重力の原則」同様、これらの「原則」は普遍的であり、いつの時代、どこの国でも変わらない。これまでたくさんの人々が、この「原則」が真実であることを身をもって証明している。あなたも同様に、この「原則」によって財布をふくらませ、預金残高を増やし、経済的に前進してゆけるように、と祈る。

――「財布の中身がいつも空」という病は、我慢するより治すほうがやさしい。

はじめに――古代都市バビロンの市民は、世界で最も裕福な人々だった

●本書の目的

我が国の繁栄は、私たち一人ひとりの個人としての経済的成功のうえに築かれています。

本書は、私たち一人ひとりが個人としてどうすれば成功するか、という問題に答えようとするものです。「成功」とは、私たち自身の努力と能力の表われとして達成できたものを指しています。

私たちの成功は、準備が適切にされたかどうかによって左右されます。適切な準備（正しい考え方）なくして適切な行動はあり得ず、適切な理解なくして適切な準備はあり得ません。

この本は、富とそれにまつわることを理解するための手引きとして書かれた、「空の財布の治療薬」のようなものです。もっと富を得たいと強く望んでいる方々のために、富を手に入れ、手に入れた富を守り、そして余った富でさらに多くの富を手に入れる、本書にはそのための手助けになる奥義《おうぎ》が記されているのです。

この本の舞台は、古代都市バビロンです。現在世界中で認められ活用されている「富の基本原則」が生まれ、育成された「揺籃《ようらん》の地」といえるところです。

本書の初版発行以来、この本から得たひらめきのおかげで銀行預金が増え、金回りがさらに良くなったという熱狂的な反応が、私のもとに数多く寄せられています。そうした体験を新しい読者の方々にもぜひ自分のものにしていただきたいのです。

また本書の内容を、数多くの友人、知人、親類縁者、従業員や同僚の方々に紹介してくださった経営者・管理職の方々には、この場をお借りして深く感謝の気持ちを述べさせていただきます。なぜなら、豊富な経営経験をお持ちの方が、本書の唱えている原則を応用して大きな成功を収め、この本の価値を認めてくださることほど強力な推薦はないからです。

バビロンは古代世界で最も裕福な都市となりました。それはバビロン市民が、当時世界で最も裕福な人々だったからです。バビロンの人々は、金の価値をきちんと認めていました。金を手に入れ、手に入れた金を守り、その金でさらに多くの金を手に入れるために、金を扱ううえでの「健全な原則」を守っていたのです。私たち誰もが望んでいるもの……将来に続く収入源を、バビロンの人々はすでに確保していたのです。

――ジョージ・S・クレイソン

本書を推薦する

●本書は、現代ビジネスの極意を分かりやすく説き明かした名著であり、あらゆる人にとって重要な一冊である。

——**パーシー・H・ホワイティング（「デール・カーネギー研究所」副所長）**

●本書に記されている「バビロンの知恵」は、現代においても、そして誰にとっても役立つものだ。人生で成功をなしとげようという志を持つすべての人に、おすすめする。

——**ヴァン・アレン・ブラッドリー（「シカゴ・デイリー・ニューズ」）**

バビロンの大富豪——目次

第一話　財産を築くには不滅の「原則」があった　31

――富豪の金貸しアルガミシュの忘れ得ぬ言葉

アルカドが大富豪になり得たのは、知恵者である金貸しのアルガミシュから、ある「原則」を学んだためであった。

その「原則」は、「稼いだものは、すべてその十分の一を自分のものとして取っておく」ということから始まっていた。

第二話　富をもたらす黄金の「七つの知恵」とは　53

――大富豪アルカドの価値ある講義

大富豪アルカドは「富を得る方法」を教授するよう国王から命じられた。

百人の受講者を前に、彼は一日に一つずつその「黄金の知恵」を解き明かしてゆくのだった。

まずは、「第一の知恵――財布を太らせることから始めよう」……。

第三話　「幸運の女神」が微笑む人間とは　87
――大富豪アルカドと受講者たちとの白熱の議論
アルカドと彼の講義の受講者たちは「幸運の女神」について意見を闘わせていた。
やがて分かってきたことは――誰にでもチャンスは訪れる。
そして女神もついてくる。しかしその与えられたチャンスを活かして
実行に移さなければ、いつまで経っても
女神に気に入られることはないだろう、ということだった。

第四話　金貨の袋か、「知恵の言葉」が刻まれた粘土板か　113
――大富豪アルカドの息子ノマシアの苛酷な試練
アルカドの息子ノマシアは、父の命により金貨一袋と「五つの黄金法則」
が刻まれた粘土板を渡され、十年の長い旅に出た。彼はたちまちのうちに
金貨を失ってしまうが、粘土板に記された言葉に従い、
以後ひたすらその実践に励むのだった。そして十年の後……。

第五話

自ら稼いだ資金の運用は、こうして決める

——富豪の金貸しメイソンの忌憚なき忠言

槍職人ロダンは、仕事の褒美として国王からなんと金貨五十枚を受け取ったのだが、その使いみちとなると途方にくれるばかりだった。その運用法について金貸しメイソンに教えを乞うと、メイソンは自分のところに預けられたままになっている担保の品々を示し、それにまつわる秘話を語るのだった。

137

第六話

「強固な城壁」は、人々を恐怖や不安から守ってくれる

——老戦士バンザルの確固たる自信

城壁警護の老戦士バンザルは、敵の急襲を目のあたりにしていた。しかし巨大かつ強固に造られたバビロンの城壁は、敵の激しい攻撃に耐え、見事バビロン市民の命を守り抜いてくれたのだった。

161

第七話　奴隷に成り下がっても、「人間としての誇り」を忘れなかった男

――元奴隷、富豪の駱駝商人ダバシアの数奇な体験

大商人ダバシアはかつて若い頃、借金をして首が回らなくなり、強盗を働いた末、奴隷にされてしまった。彼がいかにして奴隷としての地獄の日々を抜け出し、バビロンの地へと帰還したのか。不遇な半生を支えたのは、ある決意だった。

第八話　「バビロンの知恵」は現代にも通用するか

――出土した粘土板が伝える貴重な記録

バビロンに戻った元奴隷のダバシアが借金を返済してゆく過程は、発掘された五枚の粘土板に記録されていた。現代の考古学者シュルーヴェリィは、その知恵を自らの生活再建のために応用してみるのだが……。

第九話　幸福――
それは「労働の喜び」を知ること　209
――元奴隷、富豪の大商人シャルゥ・ナダの愛ある教え
バビロンへとキャラバンを率いる大商人シャルゥ・ナダは、一人の若者を伴にしていた。怠け者で浪費癖のついたこの若者は、実はシャルゥ・ナダがかつて大恩を受けた人物の孫であった。彼は恩人と自らの過去を打ち明けることによって、この若者の目を覚まさせ、「働くこと」のすばらしさを教えようとするのだった。

おわりに――富が支えていたバビロンの繁栄（物語の舞台とその背景）　243

（付記）　252

カバー＆本文デザイン／桜庭文一（ciel inc.）

バビロンの大富豪

「繁栄と富と幸福」はいかにして築かれるのか

富とは、
この世での成功をはかる尺度となるものである。

富とは、
この世で手にすることのできる最高の楽しみを可能にしてくれるものである。

富とは、
手に入れるための単純な法則を理解し、それを守りさえすれば、
いくらでも手にすることができるものである。

現代における「富の支配法則」とは、
バビロンの市街に裕福な人々がひしめいていた数千年前の法則と、
少しも変わるものではない。

プロローグ

こんなに働いているのに、どうしてお金が貯まらないのだろう

――戦車職人バンシアの素朴な疑問

バビロンの戦車職人バンシアはすっかり参っていた。家屋を囲む低い壁に腰を下ろしたまま、自分の簡素な家と、扉の開いた作業場、それにそこに置いてある作りかけの戦車を悲しげに眺めていた。

開けたままの戸口にはひっきりなしに妻の姿が現われた。自分のほうを密かに見やる彼女の目を見れば、「食糧袋はほとんど空なのだから、仕事にかかって戦車を完成させてくれなければ困ります」と言っているのはすぐに分かる。切って叩いて、磨いて塗り、さらには車輪の枠に革をピンと張って完成させ、金持ちのお得意から代金をもらわなければならないということくらい……。

にもかかわらず、戦車職人の太い筋肉質のその体には何の感情も宿っていないようで、先ほどから低い壁に腰掛けたまま動く様子がない。実をいえば、あまり回転の速くないその頭が、答えの見つからない問題と辛抱強く格闘していたからだった。ユーフラテス川のこの渓谷では、いつものように熱い太陽が容赦なく照りつけている。額に汗の玉が浮かび、毛深い胸にしたたり落ちては消えていったが、それに気づく様子もない。

バンシアの家の向こうには、バビロン市内を囲んでいる高い壁がそびえ立っていた。その壁はたいそう厚くできていて、壁の上部はテラスになっているほどだった。その近くで天空に向かって突き刺すように建っているのは、ベル神殿の彩色塔である。こうした豪奢《ごうしゃ》な建物の陰に隠れて、戦車職人の簡素な家や、もっと乱雑で手入れもされていない家がほかにもたくさんあった。これがバビロンだった――豪奢なものと不潔なもの、まばゆいばかりの富と悲惨なまでの貧困が混ざり合い、市を守る城壁の中に計画も組織もなくいっしょくたに詰め込まれているのだ。

バンシアが振り返って見る気になれば、その後ろでは金持ちたちの戦車が、サンダルを履いた商人たちや裸足《はだし》の乞食《こじき》たちを押しのけるようにして騒々しく走っているのが見えたはずだ。しかしその金持ちたちも、水を運ぶ奴隷の長い列には、下水溝にまではみだして道をあけなければならない。この奴隷たちは「王様のための仕事」に従事しているからだ。それぞれが山羊《やぎ》革の重い水袋をかついでいるが、その水はかの有名な空中庭園に撒《ま》かれるためのものだった。

バンシアは自分自身の問題にあまりに気をとられていて、さまざまな音が入り交じった都市の喧騒は耳に入らなかったし、注意を払ってもいなかった。夢想から覚まされたのは、聞き慣れたリラ（訳者注・古代メソポタミアなどで用いられた竪琴《たてごと》）の弦が思いもかけず耳元で鳴ったせいだった。振り向くと大の親友、楽士のコッビの繊細な顔がにこにこと笑いかけていた。

「神々の御身にいとも気前よからんことを」

コッビはわざとらしい挨拶で話し始めた。

「おやおやバンシア、神々はおぬしにはずいぶんと気前がいいんだね。働かなくともいいと見える。おぬしが幸運に恵まれるのは、この俺にも歓《よろこ》ばしいことだ。その幸運のお流れをちょうだいしようではないか。土間で忙しく働かなくていいということは、さぞかしおぬしの財布はふくれているに違いあるまい。その財布より二シェケルだけでいいから、今宵の〝貴族の宴《うたげ》〟が終わるまで俺に貸してくれんかね。あっという間に返してみせるから」

バンシアはむっつりと言い返した。

「今ここに二シェケル持っていても、誰にも貸しやしないさ。たとえ親友のおぬしにでもな。二シェケルといえど、それは俺の財産、それも全財産になるんだからな。たとえ無二の親友であろうと、自分の全財産を貸すやつなどどこにもいないだろうよ」

コッビが驚きながら言い返した。

「これはしたり。おぬし一シェケルもないと言うのかね。それでいて、人形のように壁に腰掛けたままでいるとは……。なんでまた戦車を仕上げてしまわないんだ。それとも何か、そのいとも大切な欲求を満足させる方法があるとでも言うのかい。おぬしらしくもない。あれほど飽きずに働いていたではないか。なんぞ、思い詰めたことでもあるのか。神がおぬしに何か苦難を与えたのか」

バンシアはうなずいて答えた。

「そもそもこれは、神々からの拷問であろうよ。始まりは夢だったのだ。馬鹿げた夢だよ。その中で俺は資産家になっていたのだ。ベルトからは、ずしりと重い財布がぶら下がっていたよ。シェケル貨幣は気にもせずに乞食どもに投げ与えることができたし、銀貨で妻に宝石を買ってやったり、自分の欲しいものも何でも買えた。金貨が山ほどあったから、将来に不安もなかったし、安心して銀貨を使うこともできた。あの満足感は実にすばらしいものだったよ。もしそのときおぬしがいても、その人物が俺だとは分からなかったろうよ。俺の妻を見ても分からなかっただろうな。顔からは皺《しわ》が消えて、幸福に輝いていた。結婚したての頃の、笑みを絶やさぬ乙女の顔に戻っていたのだ」

「それはまた実にうれしい夢じゃないか。だがそんなうれしい夢を見て、なんでまたおぬしは、壁に腰掛けたまま人形になんかなっているんだ」

「夢だけで終わればそれはそれでよかったのだが、目が覚めて自分の懐《ふところ》がいかに軽いか思い知らされて、むらむらと反抗の気持ちが湧いてきたのだ。そうとも、ぜひ俺の思いのたけを聞いてくれ。同じ釜の飯を分け合った仲じゃないか、コッピ。子供時代には、二人一緒に僧侶のもとへ通って知恵を授かったし、若者の頃には互いの楽しみに付き合った。成人となってからは、いつも近しい友人だ。そして我々二人は、身のほどをわきまえた臣民でもある。若い頃から長時間働き、稼いだ金は気のすむまで惜し気もなく使い果たして意に介さなかった。

しかし、今ではあの頃よりはるかにたくさん稼いでいるにもかかわらず、それでも富の歓びを味わいたいと思えば、夢を見るほかないんだ。どういうことだ、俺たちは愚かな羊にすぎないのか。俺たちの住むこの街は世界で最も裕福な街のはずだ。富ということでは、ほかに肩を並べるところはない、と旅人も言っている。俺たちの所有する周りを見れば、富を示すものはごまんとあるが、それはどれ一つとして俺たちの所有するものではない。半生の間懸命に働いてきたおぬしだって、無二の親友である俺に向かってさっき言ったじゃないか。『その財布より二シェケルだけでいいから、今宵の〝貴族の宴〟が終わるまで俺に貸してくれんかね』と。

で、俺はなんと答えられるのか。『ほれ、これが俺の財布だ。この中身なら、喜んで分けてやるよ』とでも答えられるか。とんでもない、俺の財布はおぬしのと同じく空でしかないと白状するだけだ。これはいったいどういうことだ。なんで俺たちは生活に必要最低限の金しか手に入れられないのか」

さらにバンシアは続けた。

「もう一つ、俺たちの息子たちのことを考えてみろ。子供たちもその父親が歩いた道を同じように歩くことになるんじゃないか。子供たちとその家族も、そのまた子供たちとその家族も、皆これだけの黄金都市の宝の真っただ中に暮らしながら、俺たち同様、酸《す》っぱくなった山羊の乳とオートミールのまずい粥《かゆ》をごちそうだと思うことになってしまうんじゃないのか」

「バンシア、おぬしとはこれまで長い付き合いになるが、おぬしの口からそんな話を聞いたことはかつて一度もなかったぞ」

「生まれてこのかた、俺自身もこんなふうに考えたことはなかったよ。夜明け早々から、暗くなって働けなくなるまで、俺は額に汗して、どんな人間でもこれ以上のものは作れないような戦車を作り上げてきた。いつの日か神々が感心し、大いなる富をもたらしてくれるものと期待していた。しかし、そんなことはついに起こらなかった。神々はそんなことを決してしてしてはくれない、ということをようやく悟ったのだ。それで、俺はがっくりしてしまったというわけさ。

　俺は財産が欲しい。土地と家畜を自分のものにして、上等の服を着て、財布にはいつも硬貨を詰めていたい。それだけの財産を手に入れるためだったら、喜んで持てる力を全部捧げるよ。自分が身につけた技術、あるいはほかに才能があるなら、いくらでもすべて注ぎ込む。そうしたうえで働いただけの正当な見返りが欲しいんだ。

　もう一度訊《き》くぞ。俺たち、どこが足りないんだ。何でも買えるだけの黄金を持つ者たちは、あんなに何でもいろいろなものを持てるじゃないか。なんであれが俺たちの手には入らないんだ」

　コッビは応じた。

「俺に答えられるはずもないよ。不満なことでは俺とておぬしと変わらない。自分の家族に食べるものがいつもあるように、あらかじめ慎重に手を打っておかねばならないなんてことも日常茶飯のことさ。そんな状況でも、この胸の内からは、もっと大きなリラが欲しいという声が聞こえるのだ。心に浮かぶ旋律をあますところなく歌わせられるほど大きなリラが欲しい。そういう楽器さえあれば、王様とて耳にしたこともないような麗しい音楽を聴かせることもできるのだ」

「おぬしならそんな楽器もふさわしいな。おぬしほどリラを美しく奏でることができる者はこのバビロン中探してもいないだろう。王様だけじゃない、神々ですら歓ぶほど美しく奏でることもできるくらいさ。だが、俺たち二人とも貧しいことにかけては、あの王の奴隷たちと変わらないとなれば、おぬし、どうやってそんな大きなリラを手に入れることができるんだい。おや、鐘の音だ。ほら、やつらが来たぞ」

バンシアが指差したのは、半ば裸の、汗だくの水運び人夫たちの長い列で、彼らは川からの狭い通りをいかにもつらそうに辿《たど》っていた。行進して来る奴隷たちは皆、五人一列となり、水の入った重い山羊革の袋を体を折ってかついでいた。

コッビは、荷物をかつがずに先頭を歩いて来る鐘を持った男を見やった。

「先頭に立つ男、あれは見事な風采だな。あれは故国では名のある人間だろうな」

バンシアは言い添えた。

「列の中にも風采のいい男たちはたくさんいるさ。一人前の人間ということでは俺たちと変わらない。北方から来た背が高い金髪の男ども、南方から来たよく笑う黒い男ども、近くの国々から来た小柄で褐色の男たち。そういう男たちが皆いっせいに、川から空中庭園まで行進しているのだ。行っては戻り戻っては行き、来る日も来る日も、年々歳々、同じことの繰り返しだ。先に待つ者に幸福の欠片《かけら》もない。眠るための藁《わら》の寝台、食事には生煮えの粥。全く哀れなものさ」

「確かに哀れなものだ。だが、おぬしの言葉を聞いて分かったが、俺たちとて奴隷ではなく〝自由人〟と自称してはいるものの、思っているほどましなものではあるまい」

「そのとおりだ、コッビ。そう認めるのはあまりうれしいことではないがね。俺たちとて年々歳々、奴隷のような生活を送りたいと思っているわけじゃない。だが、仕事、仕事、仕事。何も変わらない。ああ……」

「ほかの人々がどうやって黄金を手に入れたのかを尋ねて、そのとおりやってみるというのはどうだい」

コッビが言い出すと、バンシアも思案顔で答えた。

「その方法をわきまえている人々に尋ねさえすれば、何かコツを教えてもらえるかもしれないな」

「いや実は、つい先ほど昔の友人アルカドが黄金の戦車に乗って行くところに出会ったんだ。あれほどの地位になれば、俺のぱっとしない顔などそ知らぬふりをするのが己の権利だと思っているらしいやつもいるが、アルカドはそうではない。こちらを見て友情厚い笑顔で手を振ってみせるから、この哀れな楽士コッビに挨拶を送ってるって誰が見ても分かったものさ」

「アルカドは、バビロンで最も裕福な男だそうじゃないか」

「そう、あまりに裕福なんで、王様も国庫のことでアルカドの財産から助けてもらうという話も耳にするぞ」

「あれだけの金持ちに、闇夜に会おうものなら俺だって、あのふくれた財布に手をかけないとも限らないよ」

「馬鹿なことを言うなよ。人間の財産というのは、懐の財布の中にはないんだぞ。ふくれた財布だって、そこに入る黄金の流れがなければ、たちまちに空っぽになる。どんなに気前良く金を使おうと、いつもその財布をふくらませてくれる収入の道をアルカドは心得ているんだよ」

　コッビの話に、バンシアは勢い込んで言った。

「収入の道、まさにそれだ。壁に座り込んでいても、はるかな国へ旅をしていても、我が財布にいつも変わらずに流れ込んでくる収入の道があればいいんだ。どうすれば人間は自分のための収入の道を作れるか、アルカドには分かっているに違いない。アルカドならば俺のような回転ののろい頭にも納得できるよう説明してくれるかもしれないぞ」

「彼はどうやらその知恵を、息子のノマシアには授けたらしいな。酒場で耳にした話によると、ノマシアはニネヴェに行って、父親の助けに頼らずに、向こうで最も裕福な人物となったらしいよ」

バンシアの目は新たな輝きを放った。

「コッビ、おぬしのおかげで妙案を思いついたぞ。友人に有益な助言をしてくれと頼むのに金はかからぬし、アルカドはいつも変わらずいい友人だ。俺たちの財布が空だったとしても気にすることはないぞ。そんなことでためらうなど愚の骨頂さ。黄金都市の真っただ中で、俺たちだけその黄金と無縁なのにはもうおさらばだ。俺たちは資産家になるんだ。コッビ、そうと決まったら早速出かけようぜ。アルカドのところへ行って、どうすれば俺たちもまた俺たちだけの収入の道が手に入るか、訊いてみようじゃないか」

「バンシア、おぬしのその言葉、まさに神々からの賜物だな。おかげでまた一つ悟ったよ。俺たちはなんで金に恵まれたことがないのか。その理由もはっきりしたよ。それは今まで俺たちは富を求めたことが一度もなかったからなのさ。おぬしはバビロン一頑丈な戦車を作ろうと粉骨砕身してきた。その目的のため、これまで全力を尽くしてきて、実際にすばらしい腕を持つ職人になったじゃないか。俺は俺で立派なリラの楽士になろうと努めていた。そして俺も望んでいたことは実現させた。

　つまり、俺たちがそれぞれ全力を傾けたときには、成功しているということなんだ。神々は俺たちが懸命に働き続けたことに満足されたのだ。そして今ようやく、俺たちは昇る朝日のように明るい光に照らされた。その光の命じるままに、学びさえすれば、さらに栄えるだろうよ。新しく悟ることがあるとすれば、それは俺たちが希望を叶えるのに必要な、道義にかなった方法に違いないはずだ」

「そうさ、コッビ。それなら今すぐこれからアルカドのもとへ行こうじゃないか。俺たちの幼なじみで、俺たちと変わらない暮らしをしている連中にも声をかけて、アルカドの知恵を学ぶから一緒に行こうと誘うことにしよう」

「バンシア、おぬしは本当に友人を大切にするな。だからたくさんの友人に恵まれているんだろうな。おぬしの言うとおりにしよう。明日と言わず、今から皆で出かけるとしよう」


（プロローグ　了）

第一話

財産を築くには不滅の「原則」があった

――富豪の金貸しアルガミシュの忘れ得ぬ言葉

かつてバビロンにアルカドという名の大富豪が住んでいた。その莫大な富は、広く遠くの国まで知れ渡っていた。またアルカドは気前の良いことでも有名だった。慈善事業に対して惜しみなく援助していたし、家族に対しても自ら金を使うにあたっても、けちることはなかった。ところが、そうした散財にもかかわらず、年を追うごとにその富は使う以上によりいっそう増えてゆくのだった。

このアルカドのもとへ、若い頃の友人たちが訪ねて来て、こう言った。

「アルカド、おぬしは我々より運が良い。おぬしはバビロンで一番の金持ちとなったのに、我々のほうは生きてゆくだけで精一杯だ。おぬしは最高の服を着て、めずらしさこのうえないごちそうを食べているのに、我々ときたら、家族が裸で過ごすことなく食事もとりあえずできるという、その程度の生活に満足しなければならないという身分だ。

昔、我々は皆同じだった。同じ師のもとで学び、同じように遊んだ。勉強でも遊びでもおぬしが特に光彩を放つということはなかった。その後にしても、市民としておぬしが我々より上だったわけでもない。

それだけではなく、おぬしが人よりも懸命に働いたとか、仕事に忠実だったということもない。となれば、気紛れな運命に、なにゆえおぬし一人が選ばれ、良き人生に恵まれることになり、同じく恵まれていいはずの我々は選ばれることがなかったのだろうか」

これを聞いたアルカドは、こう言って皆をいさめた。

「おぬしたちが若い頃からこれまでの間に、ぎりぎり生活できる以上の金を手に入れることがなかったとすれば、それはおぬしたちが〝富を増やす法則〟を学ぶことを怠ったか、学んでもそれを守らなかったか、そのどちらかであるのだよ。

〝気紛れな運命〟というものは意地の悪い女神で、誰に対してもずっと変わらぬ好意を示してくれるなどということはないのだ。それどころか、この女神から、自分で稼いだものではない黄金を浴びせかけてもらったような者は、ほとんど例外なくあとで破滅に追いやられる。そういう人間は、節度をわきまえずに浪費するようになってしまうから、受け取ったものをたちまちすべて使い果たし、あげくにどうしようもないほど大きな欲望や欲求につきまとわれる。しかも自分ではその欲望や欲求を満足させることもできなくなる。

　一方で、この女神に愛《め》でられた者の中には、守銭奴となって、その財産を死蔵してしまう者もいる。そういうやつは持っているものを使うことを怖がるようになる。同じものを再び手に入れることが自分にはできないと分かっているからだ。それだけでなく、守銭奴となった連中は泥棒を恐れるあまり、生活は味気なくなり、人知れずみじめな暮らしを送ることになる。

　まあどこかに、自分で稼いだものではない黄金を手に入れながら、それを増やし、幸福な市民として満ち足りた生活を送っている人もいるではあろう。しかしそういう人々はあまりに少ないようで、私は噂にしか聞いたことがない。思いもかけずたくさんの遺産を受け取った人々のことを考えれば、そういう例もほとんどないことが分かるであろうよ」

　友人たちは、多額の遺産を相続した人々については、アルカドの言うとおりだと認めた。では、アルカドがどうやってそのような巨万の富を手に入れられたのか、その方法を教えてほしいと頼み込んだ。

「私は若い頃、身の回りを見渡して、幸福と満足感を生むようなすばらしいものを残らずよく観察してみたのだよ。そして気がついたのは、富があればそうした幸福や満足感を持つ力も増えるということだった。


富とは力だ。富があればできることは限りない。

最高級の家具で家を飾ることもできる。

はるか大海原に船出することもできる。

遠い異国の珍味に舌鼓を打つこともできる。

金細工師や宝石職人の作った装飾品を買うこともできる。

神々の壮大な神殿を建てることさえできる。

これらすべてが可能になり、歓《よろこ》びと満足を得られる数多くのことが実現できるようになる。


こうしたことに思い至ったとき、私は人生のおいしい果実の分け前に自分もあずかろうと決心したのだ。他人が楽しむのを遠くからもの欲しそうに眺めているような人間にはなるまい。見苦しくないというだけの最低の服を着て満足はするまい。貧乏の境遇で満足などはするまい、と。逆に、私は楽しいことがいっぱいの饗宴《きょうえん》の客になろうと決めたのだ。

おぬしたちも知るように、私はしがない商人の息子で、家は大家族だから遺産のあてもなかったし、またおぬしたちが率直に言ったように、とりわけて優れた力にも知恵にも恵まれていなかったから、望んだことを手に入れようとすれば、時間と研究が必要であると判断した。

まず時間についてはどんな人間にもたっぷりある。おぬしたちにしても、各々がこれまでただ漫然と過ごしてきただけの時間があれば、十分裕福になれたのだよ。ところが、おぬしたちも認めるように、世の中に示せるものといえば立派な家族だけだろう。それはもちろん誇りにしてよいものではあるがね。

次に研究についてだが、我らが賢明な先師から勉強には二つの種類があると教わらなかったかな。一つは〝学んで知るもの〟であり、もう一つは〝訓練によって身につけるもの〟だ。

私はそれに従って、どうすれば富を増やすことができるかを調べ出し、その方法を知ることができてからは、その実践を自分の義務として立派に果たすように努めたのだよ。

この明るい太陽の光のもと、生活を楽しまないというのは愚かなことではないかね。

この世を離れて闇の霊世界へ行くときには、皆同じく悲しむしかないのだからね。

私は市長の館で書記の仕事を見つけた。そして毎日長い時間、粘土板に文字を刻みつける仕事をした。働けど、稼ぎとして形になったものは何ひとつなかった。食べるものや着るものや神々への捧げものや、そのほか今ではもう何だったか覚えていないようなものにつぎ込んで、稼ぎは皆消えてしまっていた。ただ、あのときの『成功したい』という決心だけは揺るがなかったのだよ。

そんなある日、金貸しのアルガミシュが市長の館へやって来て、『第九の法律』の複写を注文したのだ。そのときアルガミシュは私にこう言った。

『この複写は二日のうちに必要なのだ。期限までにこの仕事を終えれば、おぬしには銅貨二枚を払おう』

そこで私は懸命に働いた。だがその法律は長いもので、アルガミシュが再びやって来たときには、まだ作業は終わっていなかった。アルガミシュは怒って、私が彼の奴隷だったら鞭打つところだと言ったものだ。しかし、アルガミシュが私に害をなすことは市長が許さないと分かっていたから、私は恐れずにこう言ってやった。

『アルガミシュ、あなたは大変なお金持ちですね。どうすれば私も金持ちになれるか教えてください。そうしたら一晩中粘土板を刻んで、陽が昇るときには完成させておきましょう』

アルガミシュは、にやりとして答えた。

『おまえは身分が低いくせに生意気だな。だがまあ、取り引きをしてやろうじゃないか』

その晩、私は徹夜で粘土板を刻んだ。背中は痛くなり、ろうそくの臭いに頭も痛くなってほとんど目も見えなくなるくらいだった。だが夜明けとともにアルガミシュが戻って来たときには、粘土板は完成していた。

私は彼を急《せ》かした。

『さあ、約束したことを教えてください』

『そうか、それがおまえとの約束だったな。では、おまえが知りたかったことを教えてやろう。わしは年を取ってきているし、老人の舌はしきりに動きたがるものだ。若者が齢《よわい》を重ねたものに助言を求めれば、歳月から生まれる旧来の知恵を授けられることになる。けれど若者というのはたいていが、古い知恵はもう役には立たないと思いがちだ。だが、このことは覚えておくがいい。今日輝いている太陽はおまえの父親が生まれたときにも輝いていたし、おまえの孫の最後の一人が闇の世界に逝くときにも輝いているということをな。

若者の考えることは、たびたび空に輝く流星のように明るい光を放つ。だが、老人の知恵は動かぬ星々のようなもので、その輝きは変化することがあまりに少ないから、船乗りたちがその針路を決めるときに頼りにできるものなのだ。

だから、わしの言葉をよく覚えておくことだ。さもないとわしが教える真実の意味も分からなくなるだろうし、徹夜の仕事も無駄になったと思うだろうからな』

そう忠告したあと、アルガミシュは毛むくじゃらのまゆ毛の下から抜けめのない目つきで私を見つめると、低く、力のこもった声で話し始めた。

『わしが富への道を見つけたのは、稼いだもののは、**すべてその一部を自分のものとして取っておく**ことを心に決めたときだ。おまえとて同じことができるはずだ』

そう言うと、突き刺すような目でじっと私の目を見続けるだけで、それ以上何も言わなかった。私は尋ねた。

『たったそれだけですか』

『羊飼いの心を金貸しの心に変えるにはそれだけで十分だったよ』

『でも私が稼いだものは、全部自分のものとして取っておけるはずじゃないですか』

『冗談ではないぞ。おまえは仕立て屋に支払いをしないのか。サンダル屋に支払いをしないのか。食べるものに金を使わないのか。金を使わずしてバビロンで暮らせるというのか。先月稼いだもののうちどれくらい残っているのか。去年稼いだ金のうち、どれくらい残っているというのだ。愚か者めが。おまえが支払いをしている相手は、すべて自分以外の人間だ。まだ分からぬのか。おまえは他人のために汗水たらして働いているのだ。食べ物と着るものをくれる主人のために働く奴隷と変わらぬのだよ。もしおまえが稼いだものの十分の一を取っておいたなら、はたして十年でどのくらいになっているのか分かっておるのか』

『一年間に稼ぐだけの金額です』

アルガミシュは言い返した。

『それは真実の半分でしかない。おまえが貯める金は一つ残らずおまえのために働く奴隷なのだ。その金が稼いできてくれる銅貨も一枚残らずおまえのために稼いでくれる、まさに黄金の子供なのだ。おまえに財産ができれば、おまえが貯めたものと同じくらい否応なく稼ぐことになるし、その子供もまた否応なく稼ぐことになる。そうしてすべては、おまえが喉から手が出るほど欲しがっている豊富な財産を手に入れるために協力してくれるのだ。

おまえは徹夜で働いたのに、どうやらわしに騙《だま》されたと思っておるな。だが、わしはおそらくおまえに支払う代金の千倍ものことを教えてやっているのだ。わしが話してやった真実の意味を摑み取るだけの頭がおまえにあればだがな。

稼いだものは、すべてその一部を自分のものとして取っておく。稼いだ金額がいかに少なかろうと十分の一より減らしてはならない。十分の一の金でさえ、取っておく余裕などまるでないこともあるだろう。だが、とにかくまず自分自身に支払え。仕立て屋やサンダル屋から買うときには、残りの金で払うことができるよう、なおかつ食事やお布施や神々への供え物に十分なものが残るようにするのだ。

富というものは一本の樹と同じく、小さな種から育つ。おまえが貯める最初の一枚の銅貨が種となって、おまえの富の樹が育つのだ。種を植えるのが早ければ早いほど、樹は早く育つ。おまえがずっと貯め続けて、その樹に肥料と水をきちんとやれば、それだけ早くおまえがその木陰で満足感に浸れる日が来るのだ』

そう言うと、アルガミシュは粘土板を取り上げて出て行った。

アルガミシュの言ったことをよくよく考えてみると、道理にかなっているように思えた。そこで私は、とにかくやってみようと決心した。報酬を受け取るたびに銅貨十枚につき一枚を取りのけて、別のところに隠しておいた。その結果は——奇妙に思えるかもしれないが、以前と比べて金が足りなくなることはなかったのだよ。十分の一がなくとも何とかやっていけたし、ほとんど違いは感じられなかった。もっとも、密かに貯めた金が増えるにつれて、その金で商人たちが飾っている贅沢品のあれこれを買いたいという誘惑にかられることも多くなっていったがね。フェニキア人の国から駱駝《らくだ》や船で持ち込まれてくるようなものだよ。だけど、私はじっと我慢したんだ。

十二か月経って、アルガミシュがやって来て私に尋ねた。

『若いの、この一年、稼いだすべての金のうち最低十分の一は自分に支払ったかな』

私は胸を張って答えた。

『はい、旦那、そうしました』

にっこりしてアルガミシュは続けた。

『結構だ。で、その金をどうしたのかね』

『レンガ作りのアズムアに預けてあります。彼ははるか海を越えた旅をしていて、ティルスの街でフェニキア人の貴重な宝石を買ってきてくれることになっています。戻ったらそれを高値で売って、儲けを山分けするのです』

アルガミシュはあきれたように唸りながらつぶやいた。

『やはり馬鹿者は、痛い目をみなければならんのだな。レンガ作りが宝石について知っていると、なぜ信じたのだ。星座について知りたいときに、おまえはパン屋に行くのか。そうではあるまい。おまえに考える能力があれば、占星術師のところに行くはずだな。おまえの貯めた金は消えたと思え。若者よ、おまえは富の苗木を根元から引き抜いてしまったのだ。

だが、また別の木を植えるのだ。もう一度試せ。この次、宝石について知りたいと思ったら、宝石商人のところへ行くことだ。羊について本当のことを知ろうとするなら、羊飼いのもとへ行け。助言というのは、ただでいくらでも授かれるものだ。だが、取り上げる価値のあるものだけを取り上げるように気をつけることだ。金を貯めた経験のない人間から蓄財について言われたことに従う者は、そういう人間たちの意見が偽りであることを証明するだけだ』

そう言ってアルガミシュは行ってしまった。

その後の成り行きは、アルガミシュの言ったとおりになった。フェニキア人ははやくざな連中で、アズムアに売った宝石は、価値のないガラスの欠片《かけら》だったからだ。しかし、アルガミシュに言われたように、私はまた銅貨十枚のうち一枚を貯めていった。というのも、その頃にはそれが習慣になっていて、別に難しいことではなくなっていたのだ。

それから十二か月経ち、またもやアルガミシュが市長の館にやって来て声をかけてきた。

『この前会ったときから、おまえはどのくらい進歩したかな』

『私は忠実に自分への支払いを続けています。さらには貯めた金を、青銅を買う資金として楯作りのアッガーに貸してあります。そして四か月ごとに利息を受け取っています』

『結構だ。その利息でおまえは何をしているのだな』

『蜂蜜とワインと香料入りのビスケットのごちそうを食べています。それから真紅のチュニック（シャツ風の衣服）も買いました。そして、いずれ騎乗用の若い驢馬《ろば》を買うつもりです』

これを聞いてアルガミシュは笑ったよ。

『おまえは蓄えが産んだものを食べてしまっているな。だが、それではどうしてせっかく生まれた子供たちがおまえのために働いてくれると期待できるというのだ。それにどうやってその子供たちがまた子供を産んで、それがまたおまえのために働いてくれるようになるのだ。まずは初めに〝金の奴隷〟たちの大群を確保することだ。そうすれば裕福な宴《うたげ》を何度やろうと、後悔することもなく楽しめるようになる』

そう言ってまた行ってしまった。今度は二年ほど、アルガミシュに会わなかった。

再びやって来たとき、その顔には深い皺《しわ》が刻まれ、両目は落ち窪んでいた。もうかなり年を取っていたんだ。そして私に向かってこう言った。

『アルカドよ、おまえは夢見ていただけの富を手に入れたかな』

『まだ完全に望みを達したわけではありません。でも、少しは金も貯まりましたし、その金はさらに金を稼いでいて、その儲けがさらにまた稼いでくれています』

『で、まだレンガ作りのすすめることに従っているのかな』

『レンガ作りはレンガを作ることについてはいいことを言ってくれます』

『アルカドよ、おまえは教訓からしっかりと学んでおるの。おまえはまず初めに、稼げる範囲内で生活することを学んだ。次に、自分自身の経験に従って、有能な人間に助言を仰ぐことを学んだ。そして最後に、金を自分のために働かせることを学んだ。

　おまえは〝金の稼ぎ方〟〝稼いだ金の守り方〟〝稼いだ金の使い方〟を自ら会得した。だからおまえは責任ある地位に就くだけの能力があるはずだ。わしはもう老人だ。息子どもは金を使うことばかり考えて、稼ぐことには無頓着だ。わしの事業は大きいから、息子どもではその面倒を見るのに手に余るのではないかと恐れている。もしおまえがニプールへ行ってそこにあるわしの土地を管理してくれるなら、おまえを共同経営者にして、わしの資産を分け与えよう』

そこで私はニプールへ行き、アルガミシュの所有地を管理した。この土地は広かったが、私は富をうまく扱うための三つの法則を体得していたから、その財産の価値を大いに増やすことができた。こうして大成功を収め、アルガミシュの霊が闇の世界へと旅立ったとき、あらかじめ彼が法律に従って手配してくれていた、その遺産の分け前をもらうことができたのだよ」

アルカドはこう語って話を終えた。

話を終えると、友人たちの一人が言った。

「アルガミシュがおぬしを跡継ぎにしてくれたのは、実に運が良かったんだよ」

「いや、そうではない。運が良かったのは、初めてアルガミシュに会う前に『成功したい』という欲求を抱いていたからだよ。なんといっても、四年間自分が稼いだものの十分の一を貯め続けて、自分の決断が確かなものだと証明できたのだからね。魚の動きを何年も研究して、風がどんなふうに変わっても、そのたびにちゃんと魚のいるところに網を打てる漁師を運がいいと言うかね。〝幸運の女神〟は傲慢だから、準備のできていない人間を相手にして時間を無駄にするようなことはしないのだよ」

別の人間が口を挟んだ。

「最初に貯めた金を失くしたあとでもやり続けられたのは、意志が強い証拠だよ。その点ではおぬしは普通の人ではないだろう」

アルカドは言い返した。

「意志の力!?　なんと馬鹿なことを言うことか。意志の力さえあれば、駱駝も運べない荷物を持ち上げたり、牡牛たちでも動かせない荷物を引っ張ったりするだけの力が人間に備わるというのかね。

意志の力があるとすれば、それは自分に課した仕事をなんとしてもやりとげるのだという断固たる決意でしかないのだよ。何かの仕事をすると自分で決めたなら、それがどんなにつまらないことであろうと、最後までそれをやりとげる。それ以外に、どうすれば大事をなせるという自信を持つことができるかね。

例えば自分で『百日の間、街へ入る橋を渡るとき、道路から小石を一つ拾って川の中に投げ入れることにしよう』と決めたとすれば、そのとおりにするのだよ。七日めにそのことを忘れて橋を通り過ぎてしまったとすれば、『明日石を二つ投げ入れれば同じことだ』とはしないのだ。その代わり、戻って石を投げる。

二十日めになって『アルカド、こんなことはなんの役にも立たんぞ。毎日小石を一個投げて、それでなんになるのだ。一摑み投げてしまってそれで終わりにしよう』と考えることもしない。そんなことは考えもしないし、実行することもない。

一つの仕事を決めたら、最後までそれを行なうのだ。今の私は途中であきらめたり、到達が難しいことや実際にできないことを始めないように気をつけているよ。なにせ私は、怠けるのが大好きだからね」

そこでまた別の友人が口を開いて言った。

「おぬしの言うことは事実であり、それに今聞いたところからすれば道理にもかなうように思われるが、そんなに簡単なことならば、すべての人間がそれを実行すると、全員が金持ちになれるということにならないかね。だけど実際には世の中の富には限りがあるだろうよ」

「人間が精力を注げば、どこであっても富は大きくなるのだよ。金持ちが新しい館を建てたとして、そこで払った金はそれで消えてしまうかね。そんなことはない。レンガ作りにその金の一部がいくことになるし、人夫にもその一部がいくことになるし、画家や彫刻家にもその一部がいく。そして館で働くすべての人間に金の一部がいくことになる。しかもその館が完成すれば、館はかかった金の分だけの価値があることになるではないか。

さらに館が建っている土地は館がそこにあることで、それだけ価値が増えることにならないかね。その隣の土地さえも、館がそこにあることで価値が増えることにならないかね。

　富というものは魔法のように増えるものなのだよ。その限界を前もってここまでと言える人間はいない。フェニキア人は、海の上で商売するその船がもたらした富で、荒れ果てた海岸に偉大な街をいくつも造っているではないかね」

　また別の友人が尋ねた。

「では、私らもまた金持ちになるにはどうすればいいとおっしゃるのか。すでに歳月は過ぎ、私らはもう若くないし、貯めておけるようなものは何も持っていない」

「私がすすめるのは、アルガミシュの知恵を認めて、**稼いだものは、すべてその一部を自分のものとして取っておく、**と自分自身に言い聞かせることだね。朝起きたときにこの言葉を唱えてごらん。昼にも唱える。夜にも唱えるのだよ。毎日一時間ごとに唱える。何回でも唱えて、この言葉が炎となって空に浮かび上がるまで唱えてみたまえ。

　このことをしっかりと心に刻み込むのだよ。ほかのことは一切考えないようにする。そののち、ここまでは大丈夫だと思う割合が分かったら、その分の金を取っておくのだよ。その割合は最低でも十分の一にしておくことだ。必要ならばこの十分の一のためにほかの支出を切り詰めるのだ。

稼いだ金はまず、その割合だけ最初に確保したまえ。自分だけのものといえる宝を持っていることで心が豊かに感じられるようになるはずだ。その宝が増えるにつれて、刺激を受け、生活に新しい楽しみが加わりわくわくしてくる。もっと稼ごうとさらに大きく努力するようになる。しかも稼ぎが増えても、自分のものとして取っておかねばならない割合は同じでよいのだからね。

その次に、その宝を自分のために働かせることを学びたまえ。宝を自分の奴隷にするのだ。その宝の子供たちや、そのまた子供たちにも自分のために働かせるのだよ。

そうして将来のための収入を確保したまえ。年を取ったときの自分を想像して、将来自分も老人の仲間に数えられることを忘れないことだ。だからその宝を失くさないように、よくよく慎重に投資するのだ。高率の収益の出る投資というのは、人を欺く魔女セイレーンのようなもので、その魔女のささやきは、人間を損失と後悔の暗礁に誘い込むだけだよ。

さらにまた、おぬしたちが万が一神々の領域、つまり霊界に召されることがあっても、おぬしたちの家族が困ることがないように準備しておくことだ。そういうときでも家族を守れるように、定期的に少ない金額を取っておけば準備できるのだからね。

先見の明のある人ならば、そうした賢明な目的のために、ためらうことなくあらかじめ多額の金を用意しておくものだよ。

そのためには賢明な人間たちに相談したまえ。金を扱うことを日々の仕事としている人々に相談することだ。そういう人たちに頼れば、私が自分の金をレンガ作りのアズムアの判断にまかせたような過ちはせずにすむだろう。小さくとも安全な収益は、危険な投資よりもずっと望ましいものだよ。

最後に、生きている間は生活を楽しみたまえ。張り切りすぎたり、貯める割合を増やしすぎたりしないように、全収入の十分の一を超えると生活を無理しなければならないようならば、十分の一で満足するのだよ。収入に応じた生活をして、けちになったり、金を使うのを怖がったりしてはいけない。人生はすばらしいものだし、価値のあるもの、楽しいもので心豊かになるものなのだから」

友人たちはアルカドに礼を言って立ち去った。想像力に乏しく、理解できなくて黙ったままの者もいた。あんなに金持ちなら、それほど運に恵まれない古い友人たちに金を分けてくれてもいいはずだ、と嫌味を言う者もいた。

しかし、その目に新しい光を宿した者もいた。アルガミシュがアルカドのもとに何度も戻って来て忠告を与えたのは、闇から光の世界へと自ら道を切り開こうと苦労している人間を見守っていたからだ、ということが分かったのだ。その人間が光を見つけたとき、一つの地位が待っている、ただし、自ら努力して理解できるようになるまで、また、チャンスをものにする準備ができるまでは、その地位に就くことは誰にもできないのだということも。

アルカドの話を理解した人々は、それから何年もの間、繰り返し彼のもとを訪れた。アルカドも喜んでこの人々を迎えた。幅広い体験をしてきた人間がいつも喜んでするように、相談に乗り、その知恵を惜し気もなく与えた。貯めた金を投資するのを助け、安全で十分な利益を生むようにし、損失を出したり、何の富も生まないようなものに巻き込まれてしまわないようにしてやったのだ。

富への真実は、アルガミシュからアルカドへ、アルカドからバビロンの人々へと伝えられた。バビロンの人々にとって人生の一大転機が訪れたのは、この真実を理解したあの日の出来事があったからである。

――稼いだものは、すべてその、一、部、を自分のものとして取っておく。

（第一話　了）

第二話

富をもたらす黄金の「七つの知恵」とは

——大富豪アルカドの価値ある講義

バビロンの栄光は不滅である。史上最も裕福な都市、途方もない富の都としての名声は長い年月を経て、我々の知るところとなっている。

しかし、バビロンとて初めから裕福であったわけではない。バビロンの富はその住人たちが知恵を絞った結果なのである。バビロンの住人たちには、まず裕福になる方法を学ばなければならない理由があったのである。

偉大なる王サルゴンが、その敵であるエラム人を打ち破ってバビロンに凱旋したとき、バビロンは深刻な事態に直面していた。宰相はこの事態を王に説明した。

「陛下が大規模な灌漑《かんがい》用水路と神々の壮大な神殿をお造りになったおかげで、永年大いなる繁栄を享受いたしておりました我が臣民たちは、こうした事業が完成した今、どうやら自活できなくなっておるようにございまする。

労働者たちは失業しております。商店には客が参りませぬ。農民たちは作ったものを売ることができませぬ。人々は食糧を買うに十分な金を持っておらぬのでございます」

「では、あの大いなる改良事業に使った金はいったいどこへ行ってしまったのだ」

「行き着くところまで行き着いてしまったものと思われまする。我が都の中でも、最も裕福な一握りの者たちの懐《ふところ》の中でございましょう。濾過機《ろかき》を通る山羊《やぎ》の乳のごとく、金はほとんどの臣民たちの手を通り過ぎてしまいました。今や金の流れは止まってしまい、大部分の臣民たちはこれといった収入がなくなっておりまする」

　王はしばらく考えてから、宰相に尋ねた。

「なぜ、そんなに少数の者がすべての金をかき集めてしまえたのだ」

「おそらく、その者たちが金を得る方法をわきまえているからでございまする。ただコツを知っているからというだけで、その人間を非難するわけにはまいりませぬ。さらにまた、正当な手段で手に入れたものを取り上げて、能力の劣った者たちに分け与えることも公平な処置とは申せませぬ」

　これを聞いて王は重ねて尋ねた。

「それでは、すべての民に金を得る方法を身につけさせればよかろう。そうすれば、皆裕福で幸せになれる」

「確かに仰せのとおりでございまする。けれど陛下、誰がそれを教えることができましょうや。僧侶たちではございますまい。あの者たちは、こと金については何も分かっておりませぬ」

「宰相よ、ならば金を得る方法をこの街で一番よく知っておるのは誰だ」

「そのご質問にはすでに答えが含まれてございまする、陛下。バビロンで最も富を集めているのは誰でございましょう」

「よく言うた、さすがは宰相よの。それはアルカドであろう。明日彼を呼んでまいれ」

翌日、王の召喚により、アルカドは御前にまかり出た。七十という高齢にもかかわらず、背筋はまっすぐ伸び、動作はきびきびしている。

王が口を開いた。

「アルカドよ、おまえがバビロンで一番裕福であるというのは本当か」

「そう言われておりますが、それに異を唱える者もおりません、陛下」

「おまえはどうやってそれほどの金持ちになったのだ」

「我らが偉大なる都の住民なれば、誰でも利用できるチャンスを利用したにすぎません」

「おまえは初め、何も持ってはいなかったのか」

「持っていたのは、金持ちになりたいという〝大いなる望み〟だけでございます。ほかには何もございませんでした」

「実はアルカドよ、我らが都は実に不愉快な事態になっておる。というのも、富を手に入れる方法を知っておる人間がごく少なく、ために一部の者たちが富を独占してしまっておるのだ。一方、都の民の大半は稼いだ金の一部なりと貯めておく方法を知らぬ。

バビロンを世界で最も裕福な街とすることが、余の望みである。そのためには裕福な人間が多数いる街でなければならぬ。さらにまた、すべての人間に富を手に入れる方法を教えねばならぬのだ。アルカドよ、富を手に入れるのに何か秘密の方法でもあるのか。それは他人に教えられるものなのか」

「実用的な方法がございます、陛下。それは人から人へと教えることができるものでございます」

王の目がきらりと光った。

「アルカド、おまえの申したことはまさに余が聞きたかったことだ。おまえ自らこの大切な仕事に携《たずさわ》ってはくれぬか。おまえの知識を教師たちに教えてもらえぬか。そうしてその教師たちが、またほかの者に教えてゆけば、その知識を持つ者が増えて、ついには我が国の中であれば、相応の民たちには残らずこの真実を教えることができよう」

アルカドは、一礼して答えた。

「この身は、陛下のしがない下僕《しもべ》でございます。我が同胞の生活の向上と陛下の栄光のためとあらば、私の知識はどんなものでも喜んで差し出しましょう。宰相殿にお命じになり、百人のクラスをご用意していただければ、その方たちに我が財布をふくらませた〝七つの知恵〟をお教えいたしましょう。この私めの財布も、かつては空っぽだったのでございますから」

二週間後、王の指示に従って選ばれた百人が「学びの神殿」の大ホールに集まり、半円状の色とりどりの席に着いた。アルカドは小さな円筒形の台の脇に座っていた。その頭上にある聖なる松明《たいまつ》からは、嗅ぎなれない、しかし快い香りのする煙が立ち昇っていた。

アルカドが立ち上がると、受講者の一人が隣の者をつついてささやいた。

「あれがバビロン一の金持ちだぞ。ちょっと見た限りじゃ、まるで我々と同じじゃないか」

アルカドが、口を開いた。

「我らが偉大なる国王陛下の忠実な下僕として、私は陛下の命によりここに立つことになりました。というのも、私はかつて若者の頃、ひとえに〝金が欲しい〟と心より願った者だからであります。そして富を手に入れることができる知恵を身につけたために、陛下はあなた方に私の知恵を授けるようにと命じられました。

私が財産を築けたのは、これ以上ないほどつつましい方法によってでした。それは、あなた方やバビロンの市民ならば誰にでも与えられている権利であり、実践できる方法なのです。

儲けた金を貯めておくための私の最初の入れ物は、使い古した財布でした。私はこの財布が空っぽで役に立たないことに我慢がなりませんでした。財布は丸くふくらんでいてほしい、金貨の音がちゃりんちゃりんと鳴っていてほしかった。そこでどんなものでもいいから、空っぽの財布から脱出する知恵はないかと探し求めました。そして、やがて黄金の〝七つの知恵〟を発見したのです。

ここにお集まりのみなさんに、私は空っぽの財布を太らすための〝七つの知恵〟を説明しましょう。金をたくさん欲しいと思うすべての人々におすすめできるものです。

これから七日の間、毎日一つずつ、この〝七つの知恵〟をご説明します。私がこれから示す知識をよくお聴きください。私と議論し、互いにも議論し合いましょう。私の授業内容を徹底的に学んでください。そうすれば、みなさんもご自分の財布に富の種を蒔《ま》くことができるようになるでしょう。

まず第一に、みなさん一人ひとりが、ご自分のために賢明な形で金を貯め始めることです。それができて初めて、みなさんは資格があるということになり、真実をほかの人たちに教えることができるのです。みなさんの財布を太らせる方法を、私はこれから単純な形でお教えします。〝富の神殿〟へと続く最初の一歩です。その第一歩をしっかりと踏み締めなければ、それ以上高くへは行けません。さて、それでは最初の知恵について考えてみましょう」

第一の知恵　財布を太らせることから始めよう

アルカドは、二列めに座っていた分別のありそうな男に話しかけた。

「さて、あなたのご職業は何ですかな」

「私は書記です。粘土板に記録を刻んでいます」

「私が最初に仕事をして給料をもらったのも、その仕事でしたよ。となれば、あなたには私と同じく、一財産築くチャンスが十分あるわけです」

次にアルカドは、ずっと後ろにいた血色の良い男に呼びかけた。

「あなたは何をして毎日の糧《かて》を得ておられますかな」

「私は肉屋です。農民が育てた山羊を買って、肉は家庭の主婦たちに売り、皮はサンダル屋に売っています」

「仕事と収入があるのだから、成功するために有利であるという点では、初めの頃の私とまるで同じですな」

このようにして、アルカドは一人ひとりの職業を尋ねていった。全員に訊《き》き終わるとこう言った。

「さてみなさん、ごらんのとおり、人間が金を稼げる仕事や商売はたくさんあることがお分かりでしょう。金を稼ぐ方法の一つひとつは、すべて金の流れであり、各々の仕事によって金の流れの一部が自分の財布へと流れるよう、常に向きを変えているというわけです。したがって、みなさん一人ひとりの財布の中には、それぞれの能力に応じて量の差はあっても、誰にでも同じく金の流れができているのです。ここまではよろしいか」

一同はそのとおりだと賛同した。アルカドは続けた。

「とすると、みなさんがそれぞれ財産を作りたいと望まれるのであれば、まずすでにしっかりとお持ちである富の源を活用することから始めることが賢明ではないでしょうか」

アルカドは、卵売りだと語ったつつましい男に向かって言った。

「もしあなたが卵の籠に毎朝十個の卵を入れ、夕方に九個の卵を取り出すとしたら、やがてどうなりますかな」

「そのうちあふれ出すでしょう」

「なぜですかな」

「毎日一個ずつ卵が多く残るからです」

アルカドは笑みを浮かべて、全員に顔を向けた。

「どなたか中身の少ない財布をお持ちですかな」

この質問に一同は面白がり笑い声をあげた。最後には、自分たちの財布をふざけて振ってみせた。

「結構。ではまず、空の財布を太らす第一の知恵をお教えしましょう。今私が、卵売りの方にやってみるよう申し上げたとおりのことをおやりください。

財布に十枚のコインを入れたなら、使うのは九枚まででやめておくのです。すぐに財布はふくらみ始めるでしょう。財布がだんだん重くなっていく感触は、手に持つと気持ちが良いものですし、みなさんの胸にもずしりとした満足感が湧いてきます。

これを単純なことだと馬鹿にしてはいけません。真実というのはどれも単純なものです。私は、自分の財産を作った方法をお教えしようとみなさんに約束しました。つまりこれこそが、私が最初に始めたことなのです。

当時の私は財布の中身が空で、欲しいものも買えないことで財布を呪っておりました。けれども中に十枚のコインを入れたら、取り出すのは九枚までにすることを始めた途端、財布はふくらみ出したのです。みなさんの財布もまたそうなるはずです。

そこで一つ、奇妙な事実を申し上げましょう。なぜそうなのかは分からないのですがね。それは、稼いだ金の十分の九を超える分は使うのをやめてからも、それまでと同じように生活してゆくことができたのです。以前より何かが足りないということはありませんでした。それ以上に、間もなく、以前よりも金が簡単に手に入るようになったのです。稼いだ金の一部なりとも使わずに取っておく人間には、金がより簡単に寄りつくようになる、というのは神々の定めた法則なのでしょうな。むろん財布が空の人間からは、金は逃げてゆくというのと同じです。

みなさんはどちらのほうを望まれますかな。毎日の欲求を満足させること、宝石やちょっとした装飾品、ちょっと良い服、ごちそう……。そうしたすぐに手に入るけれど、消えるのも早いものですかな。それとも中身のあるもの、黄金、不動産、家畜、商売、定期的な報酬を確保する投資……といったものですかな。財布から取り出す金には、すぐに手に入るけれど消えるのも早いものが買えるだけの力しかありません。財布の中に残しておいた金によってこそ、初めて実質的な価値のあるものが手に入るのです。

これが空っぽの財布を太らす知恵として、私がまず発見した〝第一の知恵〟です。**財布にコインを十枚入れたら、使うのは九枚まで**にする。このことをみなさんで議論してみてください。どなたかこれが真実でないと証明できたならば、明日、またお目にかかった際に申し出てください」

第二の知恵　自分の欲求と必要経費とを混同するべからず

「みなさんの中からご質問がありました。〝稼いだ金は一銭残らず使っても必要な経費もまかなえないというのに、どうすれば報酬の十分の一を取っておけるというのか〟という質問です」

二日め、アルカドは集まった者たちに向かってこう切り出した。

「昨日、みなさんの中で財布が薄かった方は何人おられましたかな」

一同は答えた。

「全員です」

「しかし、全員が同じ金額を稼いでいるわけではありませんな。ほかの人より稼ぎがずっと多い方もいる。あるいは養わなければならない家族がずっと多い方もいる。ところがすべての方の財布だけは皆一様に薄かった。そこで一つ、人間とその子孫について驚くべき事実をお教えしましょう。

私たちがそれぞれ必要経費と呼んでいるものは、自分で気をつけていない限り、必ず収入と等しくなるまで大きくなってしまうものなのです。

必要な経費と自分自身の欲求とを混同してはいけないのです。家族の欲求も含めてですが、みなさんがそれぞれの欲求を叶えるためには、みなさんの稼ぐ金額では足りないわけですな。ですから稼ぐ金は全部、その欲求を満たすことに使われてしまう。ところが、まだまだ叶えていない欲求はいくらでも残っている。

人間というものは皆、叶えることのできない欲求を抱えているものです。私が金持ちだからといって、どんな欲求でも叶えられるだろうとお思いですかな。それは違います。私の時間には限りがあり、力にも限りがあります。どこまでも無限に旅ができるわけではないのです。食べられる量だって、趣味を楽しむことだって限りがあるのです。

農民が畑の中に根を張るための場所を残しておけば、どこにでも雑草が生えるのと全く同じように、叶えられる可能性が少しでもあれば、人間の欲求はいくらでも大きくなるのです。みなさんの欲求は数限りないと思いますが、その中で叶えられる可能性があるものは、ほんの少ししかありません。

慣れてしまっている生活習慣をもう一度よく見直してごらんなさい。これまでは容認していた支出が、よく考えれば削減できるか、なくしてしまうことだってできることが、実に多いと分かるはずです。たとえコイン一枚でも、**金を使うときには、それが百パーセント使う価値があるものでなければならない、**ということを肝に銘じてごらんなさい。

そして金を使いたいと思うものを一つひとつ粘土板に刻むのです。その中から必要なもの、収入の九割の支出の中でまかなえるものを選ぶのです。ほかのものは消してしまいなさい。消したものは、叶えられないままにしておくしかない大部分の欲求に入るもので、それをくよくよ考えても仕方のないものなのです。

次に、金を使いたいと思う必要な支出について予算を立ててください。財布をふくらませてくれている一割には手をつけてはいけません。このこと自体を、叶えなければいけない大きな欲求にしてしまうのです。収入の九割という予算内ですませ、必要であればその予算を調整するのです。その予算表を助けとして、ふくらんでゆくほうの、みなさんの財布の中の一割を守るのです」

このとき、赤と金のガウンを着た受講生の一人が立ち上がって言った。

「私は奴隷でなく、自由民です。人生の贅沢を味わうのは私の権利だと思っています。自分がどれだけ金を使うことができるか、何に使うかをすべて予算が決めてしまうというのなら、それは予算の奴隷になってしまうことではないでしょうか。それには賛成しかねます。予算の奴隷となれば人生の楽しみはほとんど消えてしまい、荷物を運ぶ驢馬《ろば》とたいして変わらなくなるではありませんか」

この男にアルカドは答えた。

「あなたの予算を決めるのは、どなたですかな」

「私が自分で決めることになるでしょう」

「であるならば、驢馬とは全く違います。荷物を運ぶ驢馬は、自分の荷物に宝石やぼろ布や、黄金の重い延べ棒を入れようとあらかじめ決めるのでしょうか。そうではありますまい。驢馬が自分で決めるのであれば、砂漠の旅に備えて、干し草と穀物と水の袋を運ぶはずです。

予算を組むことは、財布をふくらませることをより簡単にするためなのです。予算を組めば、ご自分の生活必需品を揃えることはもちろん、支払える範囲でほかの欲求も叶えることがより簡単にできるようになるのです。日常のつまらない欲求から守ることで、自分が一番大事にしている欲求が何か、はっきり見えるようになるのです。暗い洞窟を照らす明るい光のように、支出の抑えられない箇所、財布の破れている箇所がはっきり分かり、その部分を繕うことができますし、明確な喜ばしい目的のために支出を管理することもできるのです。

とすれば、これが空っぽの財布を太らす〝第二の知恵〟になりますな。収入の九割以上は使わないこと。必要なものを買い、娯楽をもまかない、**一番大事な欲求が叶えられるよう支出のための予算を組むこと**です」

第三の知恵　貯めた資金は寝かさずに増やすべし

三日め、アルカドは受講生たちを前にこう言った。

「ほら、ごらんなさい、薄っぺらだった財布がふくらんできているでしょう。稼いだ金額の一割はそこに残しておくように努力していますな。増え始めた財産を守るために使う九割の金を管理しておられるようですな。

さて次の段階として、みなさんの貯めた貴重な財産を働かせ、増やす手段を考えることにしましょう。財布の中の金は持っているだけでうれしいもので、けちな人間であればそれで満足するでしょうが、持っているだけでは何も生み出しません。毎日の仕事の報酬から金を取りのけ、貯めることは手始めにすぎないのです。私たちの豊かな財産を作ってくれるのは、取りのけた金がさらに稼いでくる金なのです。

では、私たちの金はどうすれば働くのでしょう。かつての私は、最初の投資に失敗してしまいました。すべてを失くしてしまったのです。この話は後日することにしましょう。

私が投資したもので初めて利益を生んでくれたのは、楯作りのアッガーという男に貸した金でした。毎年一度、アッガーは海を渡って運ばれてくる青銅を大量に買い込み、それを材料に楯を作っていました。しかし、青銅を買うために払う元手を十分に持っていないので、アッガーは金を持っている者たちから借金をしていました。ただアッガーは正直で誠実な男で、楯を売ると、借りた金はたっぷりと利息をつけて返してくれたのです。

アッガーに金を貸すたびに、私は彼が払ってくれた利息も一緒に貸しました。ですから元手が増えるだけでなく、元手が稼いだ金もまた増えました。この金が自分の財布に戻ってくるときほど、大きな満足を覚えたことはありません。

よろしいですかな、みなさん。人間にとって財産とは、財布の中に持っている現金ではありませんぞ。しっかりした定期的収入こそが財産なのです。財布の中に絶えず流れ込み、いつも中身をふくらませてくれる**金の流れこそが財産**なのです。誰もが欲しがるのは、実はこの流れなのです。これこそ、みなさん一人ひとりが欲しがっているものではないですかな。仕事をしていようと、旅に出ていようと関係なく入ってくる収入なのですからな。

私はこれまでに大きな定期的収入を手に入れることができました。それが巨大なために、私は大富豪だと言われております。アッガーへ金を貸したことは、私にとって利益を生む投資についての最初の訓練になりました。この経験から教訓を得て、手元の資本が増えるにつれて、融資や投資を広げたのです。初めはそれほど多くはありませんでしたが、だんだんとたくさんの相手先から私の財布に金が流れ込んできて、それをまた慎重に判断して使うようになったわけです。

ごらんあれ、私のこうしたささやかな稼ぎが、〝金の奴隷〟の大軍を生むことになりました。その一つひとつが働いて、さらにまた金を稼いでくれます。その元手の親が働いてくれているうちにもその子供が、さらにその子供の子供も働いてくれます。それらの力を合わせた定期的収入のまとまりが大きなものになっているだけなのです。

その証拠に、妥当な稼ぎがあれば金は急速に増える、という例えをお話ししましょう。

ある農家の主人が、最初の息子が生まれたとき銀貨十枚を金貸しのもとへ持ってゆき、息子が二十歳になるまで預かってくれるよう頼みました。金貸しはこの金を預かり、四年ごとに四分の一の利息とすることで契約を結びました。農場主は、この金はもともと息子のものとして取っておくものだからと、利息も元本に加算されるようにしました。

そして、息子が二十歳になったとき、農場主は再び金貸しのもとへ行き、例の銀貨がどうなったか尋ねました。金貸しはこの金が複利で増えたため、最初の十枚の銀貨は今や三十枚半になっていると答えました。

農場主は喜び、息子にはまだその金が必要ではなかったので、そのまま金貸しのもとに残しておきました。息子が五十歳になったとき、農場主はすでにあの世に行っていました。金貸しは息子に契約終了として、銀貨百六十七枚を払ったのです。

つまり、五十年間で融資された当初の投資は約十七倍に増えたわけです。

これは空っぽの財布を太らす〝第三の知恵〞なのです。**貯めた金は最後の一枚にいたるまで働かせること。**さすれば畑の家畜のように仲間を増やし、あなたの財布には途切れることなく富が流れ込んでくるのです」

第四の知恵　損失という災難から貴重な財産を死守すべし

四日め、アルカドは集まった者たちにこう話しかけた。

「災難というものは、人々の暮らしに大きな傷跡を残して立ち去ります。財布の中の金はしっかりと守らなければなりません。さもなければ失くなってしまいます。ですから、まずは小さな額の財産を確保し、これを守る方法を学んでから、神々がより大きな金を託してくれる機会を待つことが賢明です。

金を持っている者は誰でも、まことしやかな計画があると、投資して大きく儲けるチャンスかもしれないと誘惑されるものです。たいていは友人や親戚がそうした投資に熱中し、みなさんにも同じようにするようすすめてきます。

健全な投資について、まず第一の原則は**元本を確保すること**です。元本まで失くす可能性があるときに、大きく儲けることに関心を注ぐのは賢明なことでしょうか。私はそうは思いませんな。危険を冒せば、まずたいていは損失という形でペナルティを取られます。みなさんの財産を手放す前に、それが安全に手元に取り戻せるかどうか、一つひとつ慎重に確認することです。手早く財産を作りたいという空想のような望みのために、道を誤ってはいけません。

みなさんが融資をする前に、相手の返済能力と返済についての評判を確かめてほしいのです。これはせっかく汗水たらして稼いだ財産を、心ならずもプレゼントしてしまう羽目にならないためなのです。

そして、どの分野に投資するにしても、必ずつきまとう危険性について、よく調べておくことです。

私自身、最初の投資は大失敗に終わりました。私は一年間大事に貯めた金をアズムアという名のレンガ作りに預けたのです。彼ははるか海を越えて旅をし、ティルスの街でフェニキア人から珍しい宝石を買い付けることになっていました。アズムアが戻って来たらその宝石を売り、儲けを折半することにしていたのです。

しかし、フェニキア人はやくざな連中で、アズムアはガラスの欠片《かけら》を買わされて戻って来ました。そのとき、私の財産は消えてしまったのです。今となってみれば、宝石の買い付けをレンガ作りの職人に頼んだことが愚かだったとすぐ分かります。

ですから、私自身の経験からみなさんにおすすめすることは、こういうことです。落とし穴の可能性があるところに投資する際には、自身の判断にあまり自惚《うぬぼ》れないようにすることです。望ましいのは、金を操り利益を生むことに経験を積み、知恵のある人に相談することです。そうした人々の忠告は、頼めばいくらでもただでしてもらえるものですし、時として、投資しようと考えている金額に匹敵するだけの価値を備えていることもあるのです。その忠告のおかげで損失を免れたとすれば、忠告の価値はまさに当初投資しようとした金額と同じなのです。

これが空っぽの財布を太らす〝第四の知恵〟です。これはみなさんの財布がいったん十分にふくれてから、再び空になってしまうのを防ぐ知恵ですから、とても大事なものだと理解できるはずです。元本が保証されているところ、望むときに回収できるところ、適正な利息を徴収できなくなる恐れのないところなど、こうした相手に投資対象を絞って、自分の財産を守ることです。そのためには、知恵のある人間に相談することと。つまり金を扱って利益を生むことに経験を積んだ人に忠告や助言をしてもらうことです。そうした人々の知恵を活用して、危険な投資から自分の財産を守ることが必要なのです」

第五の知恵　自分の住まいを持つことは、有益な投資と心得よ

アルカドは五日めの講義を始めた。

「報酬の九割の中で生活費をまかない、その中で楽しむことができ、そしてこの九割のうち少しでも利益を生むような投資に振り向けながらも十分な生活の質を確保できたとすれば、財産は急速に大きくなるでしょう。

私たちバビロンの住民の中には、快適とはいえない地域で家族を養っている人々があまりにも多すぎます。彼らは家主から高い家賃を厳しく取り立てられていますが、その住まいといえば、奥さんが十分に花を育てられる場所もなく、子供たちが遊ぶ場所さえもないので、汚い路地に出るしかないありさまです。

このように、子供たちがきれいな土の上で遊ぶ場所もなく、奥さんが花だけでなく、家族のために栄養豊かな野菜を育てられるような場所がなければ、どんな家族でも十分に生活を楽しんでいるとは申せますまい。

自分の庭に実った無花果《いちじく》や葡萄《ぶどう》を食べることは、人間として喜びとするところです。自分自身の住まいを持ち、誇りをもって手入れできる庭を獲得することで、人は自信を持ち、何をするにしてもいっそう努力するようになります。ですから、すべての

人々に、自分とその家族を嵐から守ってくれる家を持つことをすすめます。

自分の家を持つことは、正しい目的を持つ人間にとって手の届かないものではありません。我らが偉大なる陛下が、バビロンの市の壁をあそこまで大きく広げられたのですから、市内には使われていない土地がたくさんあり、まことに手頃な価格で購入することができるでしょう。

もう一つみなさんに申し上げますが、家族のために家や土地を手に入れようとしている人々の求めには、金貸しの人たちは喜んで応じるということです。そのような立派な目的のためにレンガ作りや大工に必要な金の一部として、妥当な額を工面できることを示せば、金貸したちは喜んで残りの金も貸してくれるでしょう。

そして家ができてしまえば、家賃を払っていたのと同じく、定期的に同じ金額を金貸しに返してゆくことができます。支払うごとに金貸しへの借金は減ってゆきますから、数年もすれば借金はなくなってしまうでしょう。最後には、価値ある財産を自分のものとすることができ、唯一必要な経費は陛下への税金だけとなるわけです。また、家を建てたことで身なりにも気を配るようになり、奥さんがみなさんのガウンを洗いに頻繁に川へ行くことになるでしょう。そのついでに山羊《やぎ》革の袋に水を運んできて、庭の作物に水をやることもできます。

つまり、自分の住まいを手に入れた人間は良いことずくめなのです。生活コストは大きく下がり、仕事で稼ぐ金のうち、娯楽や自分の欲求を満足させることに使える額が増えることでしょう。ですからこれが空っぽの財布を太らす〝第五の知恵〟といえるのです。**自分の住まいを持つこと**です」

第六の知恵　将来の保障を確実にすべく、今から資金準備に取りかかるべし

アルカドは六日めの講義を始めた。

「どんな人間の一生も、子供から老年へと進みます。これが人生の成り行きであり、まだ若いうちに神によってあの世へと召されない限り、この道から外れる人はいません。ですから、自分がもはや若くないときには、**将来に備えて相応の所得を用意しておくこと、たとえあなたが死んでも家族が快適な生活を続けられるように準備をしておくこと。**この二つのことを私は提案します。この二つをきちんと押さえておけば、時が経って、ものごとを学ぶのが難しくなったときにも、財布をふくらませる知恵を残してくれるはずです。

富を増やす知恵を会得したことで資金の余裕が大きくなっている人間は、こうした

将来の日々に備えるべきです。投資にあたっては長期にわたって安全に続けることができ、予測すべき事態には現金化できる措置を講じておくべきです。

将来の安全を確保する方法は実にさまざまなものがあります。隠れ家を用意し、そこに秘密の財宝を埋めておくというのも一つの方法です。けれども、その財宝がどれほど巧妙に隠されていても、泥棒に盗まれてしまう危険性があり、私はこの方法をおすすめしません。

安全を確保するために不動産を買う方法もあります。将来にわたっての実用性や価値に従ってうまく選べば、その不動産の価値は永久的なものになりますし、あるいは売ってしまっても目的達成のためには十分な金額になるでしょう。

少額の金を金貸しに預けて、これを定期的に積み立ててゆくこともできます。預けた金に利息が加わって、金の増え方はずっと大きくなります。

ここでアンサンという名のサンダル作りの例をお話ししましょう。彼は八年間、毎週銀貨二枚をいつもの金貸しに預けていました。つい最近、金貸しから口座内容を聞くと彼は喜ばずにはいられなかったようです。少額の積み立てに加えた通例の利率、つまり四年ごとに額面の四分の一という利息がついた結果、今では銀貨千百七十枚になっていたのです。

私も喜び、算術を使ってアンサンを励ましました。つまり、もう十二年、毎週わずか銀貨二枚を定期的に積み立てていったならば、金貸しは銀貨を四千枚以上支払うことになると示したのです。それだけあれば、その後の残りの人生を十分養っていけるでしょう。

このように、少額の金でも〝定期的〟に積み立ててゆけば、驚くほどの収益が得られるのであれば、**『年老いたときのための金』**の**『家族を守る財産』**を確保する余裕**がない人間などいなくなる**のです。**商売や投資がどれほど繁盛していても、この原則だけは変わらない**のです。

この件についてもう一つ加えるとすれば、いつの日か賢明な人たちによって、死に備えて保障できるような仕組みが編み出されるはずだ、と私は確信しています。その中でたくさんの人々がほんの少しの金を定期的に払い込むと、集まった資金によって、あの世へ行った会員それぞれの家族がかなりの金を受け取ることができるのです。

この仕組みは誰にとっても望ましいもので、高く評価できるものです。ただ、今はまだ不可能でしょう。なぜなら、この仕組みを運営できるほど長く生きられる人間はいませんし、それほど長く続く提携関係もないからです。仕組みを運営するものは、玉座と同じくらいしっかりと安定したものでなければなりません。このような仕組みがいつの日か実現すると私は思っておりますし、そうなれば、多くの人々にとっての救いとなるでしょう。最初に少しの金を払うだけで、万一会員が亡くなったとしても、その家族は不自由のない資金を受け取れるのですから。

けれども我々は、将来ではなく今生きているので、今ある手段や方法を何でも利用しなければなりません。すべての人におすすめしたいのは、年老いてから財布が空っぽにならないよう、よく考えた賢明な方法で蓄えを準備しておくことです。仕事で稼げなくなったときや、家族が大黒柱を失ったとき、財布が空っぽであるということこれ以上の悲劇はないのですから。

つまり、空っぽの財布を太らせる〝第六の知恵〟はこういうことでしょう。**年老いてから必要な金と、家族を守るために必要な蓄えとをあらかじめ用意しておくこと、**です」

第七の知恵

明確な目的に向かって、自己の能力と技量を高め、よく学び、自尊心を持って行動すべし

七日め、アルカドはこう言って講義を始めた。

「今日みなさんにお話しすることは、空っぽの財布を太らせる知恵の中で、最も肝心

なものの一つです。ただし、私がお話しするのは金についてではなく、今ここに集まっておられる、色とりどりのガウンをまとった、あなた方ご自身についてのお話です。人間の心の内や人生において、成功に役立つものと成功を邪魔するものについてお話しします。

少し前に、ある若者が私のところにやって来て、金を貸してほしいと申し込みました。私はなぜその金が必要なのかを尋ねました。その若者は自分の生活費をまかなうのに、仕事の収入だけでは足りないのだ、と不平を漏らしました。そこで私は若者に説明しました。そういうことであれば、金貸しにとってあなたは歓迎できないお客だ。なぜなら、借りた金を返すことができるだけの余裕のある収入を持っていないからだ、と。そして、こう若者をさとしました。

『あなたに必要なのは、もっと金を稼ぐことです。収入を増やすために、あなたには何ができますかな』

すると若者は答えました。

『ぼくにできることといえば、二か月に六回も主人のところへ行って、給料を上げてくれと頼むことだけです。それ以上頻繁には頼めませんからね』

この若者の単純さを笑うこともできましょう。ただ、若者は一つだけ、収入を増やすために絶対必要なものを備えていました。それは『もっと稼ぎたい』という強い望みを持っていたことです。健全で見上げた望みです。**望みなければ、達成なし。強く、明確な望みを持つべし。**たいていの望みというのは、単にぼんやりと『何かが欲しい』という程度のものです。ある人間が『金持ちになりたい』と望んだとしても、それは目的がはっきりしているとは言えません。『金貨五枚が欲しい』と望むのであれば、その望みははっきりした形を取り、実現に向けて努力できます。『金貨五枚が欲しい』という望みを、しっかりした目的意識を持って実現したとすれば、次には同様のやり方で金貨十枚を手に入れられるでしょうし、次には二十枚、やがては千枚となってゆくでしょう。そこまでくれば、もう立派な金持ちです。

小さなものでも明確な望みを実現するやり方さえ身につければ、より大きな望みを実現するための訓練となってゆくのです。これが金が貯まっていく過程です。初めはわずかな金額だったものが、経験を重ね力が増すにつれて、だんだん大きな金額になってゆくだけなのです。

望みは単純で明確なものでなければなりません。望むものが多すぎたり、複雑すぎたり、あるいは人間が訓練しても不可能な、はるか限界を超えていれば、自滅してしまいます。

しかし、自分の仕事を申し分なく果たせるようになれば、稼ぐ能力もまた増えることになります。しがない書記として、粘土板に文字を刻んで一日数枚の銅貨をもらっていた頃、一緒に働いている人たちを見ると、彼らは私よりもたくさん仕事をして、たくさん給金をもらっていました。そこで私は、誰にも負けないくらい仕事ができるようになろうと決心したのです。ほかの人たちが私よりもうまくやっている理由を突き止めるのに、長い時間は必要としませんでした。以前よりも自分の仕事に関心を持ち、作業に集中し、努力の手をゆるめないようにしました。

するとどうでしょう。一日に私よりもたくさん粘土板を刻めるものはほとんどいなくなるまでになっていました。私の技量が上がるにつれて、報酬もそれなりに増えていきました。『私の努力を認めてほしい』と主人のところに六回も通う必要などなかったのです。

知恵を身につけるにつれて、稼ぎも多くなるでしょう。自分の職業についてより深い知識を求める者には豊かな報酬が待っています。職人であれば、最も技量の高い人たちの方法や道具について知りたいと思うでしょう。法律や医療に従事している者であれば、同僚たちに相談したり、意見を交換したりできるでしょう。商人ならば、より安い価格で仕入れられる、より良い商品をいつも探すでしょう。

人間の活動は常に変化し前進しています。人は誰でも自らの技量を高め、相手の求めにより良く応じられるよう努力しているからです。私はどんな人にも、立ち止まらずにいつも進歩の最前線にいるようにしなさい、とすすめています。さもなければ取り残されてしまうからです。

経験することで何らかの利益をもたらし、生活を豊かにしてくれるものはたくさんあります。自尊心のある人間であれば、次のことを守らなくてはなりません。

- **借金は能力の及ぶ限り、なるべく早く返すこと。**
- **支払い能力を超える買い物はしないこと。**
- **家族の面倒を見て、家族から慕われ、尊敬されるよう努めること。**
- **遺言書をきちんと作っておくこと。神に召されたとき、その遺産配分は、適切で、しかも各人の名誉を重んじる形でなされるようにしておくこと。**
- **親しい人には思いやりのある態度で接すること。運命の巡りが悪く、傷ついたり打ちのめされたりした人へ同情を寄せ、無理のない範囲で援助すること。**

ですから、空っぽの財布を太らす〝第七の知恵〟とは、次のとおりです。

自らの能力を開発すること。
仕事の技量を高めること。
勉強して考えを深くすること。
自尊心を持って、先ほど述べた五項目のような行動を取ること。
そうすれば、おのずから望みを叶えるための自信がついてくるのです。

以上が空っぽの財布を太らす黄金の〝七つの知恵〟です。私は幸いにも成功に満ちた長い人生に恵まれましたが、この知恵は、その中から摑み出したものです。裕福になりたいと願う人には、どなたにもこの実践をすすめます。

みなさん、バビロンには、みなさんの誰にも想像がつかないほどの富があります。全員にゆきわたるに十分な富と金があるのです。

ぜひ、ここで申し上げた真実の知恵を実行してみてください。そうすれば繁栄はみなさんのものになり、豊かな財産が築けましょう。それはみなさんの権利なのです。街へ出て、この真実の知恵を教え広めてください。陛下の臣民としての資格ある者はすべて、我らが愛するこの街の豊かな財産を自由に分け合うことができるのですから」

（第二話　了）

黄金の「七つの知恵」

第一の知恵――財布を太らせることから始めよう。

第二の知恵――自分の欲求と必要経費とを混同するべからず。

第三の知恵――貯めた資金は寝かさずに増やすべし。

第四の知恵――損失という災難から貴重な財産を死守すべし。

第五の知恵――自分の住まいを持つことは、有益な投資と心得よ。

第六の知恵――将来の保障を確実にすべく、
今から資金準備に取りかかるべし。

第七の知恵――明確な目的に向かって、自己の能力と技量を高め、
よく学び、自尊心を持って行動すべし。

第三話

「幸運の女神」が微笑む人間とは

——大富豪アルカドと受講者たちとの白熱の議論

幸運な人間であったとしても、その幸運の限度を知っている者は誰もいない。ユーフラテス川に放り込まれたとき、強運の持ち主は手に真珠を摑んで浮かび上がってくることを誰が想像できようか。

バビロニアの諺《ことわざ》

「幸運を手に入れたい」という望みは、誰でも持つものである。現代人が抱くのと同様、数千年前の古代バビロンの人々も同じ望みを抱いていた。我々は誰でも、気紛れな「幸運の女神」と出会えないかと期待している。「幸運の女神」と出会い、その注意を引いて彼女に好意を抱いてもらうだけでなく、際限なくひいきにしてもらう方法はないものだろうか。

それこそまさに、古代バビロンの人々が知りたいと願い、何としても見極めようとしたものだった。バビロンの人々は才覚があり、頭が切れた。だからこそバビロンは当時世界で最も裕福で強大な都市になったのだ。

はるか昔のこの時代、学校や大学といったものはまだなかった。にもかかわらず、バビロンには学ぶための立派な施設があり、しかも非常に実用的なものだった。この施設こそ、バビロンにそびえる建物の中でも王の宮殿、空中庭園、神々の神殿と並んで重要とされている建造物だった。歴史書を見てもこの建物のことはごく簡単に触れられているにすぎない。全く触れられていないケースも多い。しかし、この建物から生まれた考え方は、当時の人々に強い影響を及ぼしたのである。

それが「学びの神殿」である。ここではボランティアの教師たちが、過去の偉大な知恵を詳しく説き、バビロン市民が広く関心を持つテーマが公開討論の形で議論された。この建物の中ではすべての人間が平等だった。最下層の奴隷が王家の公達の意見に反対しても、処罰はされなかった。

「学びの神殿」には教えさとす講師が多くいたが、その中にアルカドという名の裕福な知恵者がいた。バビロンで最も裕福な男と呼ばれた人物である。アルカドは専用のホールを持っていて、ここにはいつでも大勢の人々が集まり、関心のあるさまざまなテーマについて議論を闘わせていた。このホールに集まる人々は若い者も年老いた者もいたが、たいていは壮年の男たちだった。ここの人々がはたして「幸運を引きつける方法」を知っているかどうか、覗いてみることにしよう。

真っ赤な火の玉となった巨大な太陽が砂塵の靄《もや》の彼方へ沈むと、アルカドがいつものように演壇にゆっくりと入って来た。すでに八十人を超す人々が彼の到着を待ち受けていて、床に広げた小さな敷物の上にくつろいでいた。まだまだあとから来る者がいた。

アルカドが人々に問いかけた。

「今夜は何について話し合いますかな」

しばしためらってから、背の高い服飾職人が習慣に従い、立ち上がって話しかけた。

「みなさんの意見を聞きたいテーマが一つあるのですが。アルカド殿、あなたやここにおられるみなさんに笑われてしまうのではないかと思うと、ちょっと言い出せないのです」

アルカドやほかの者たちからうながされて、男は続けた。

「実は今日、私は幸運に恵まれたのです。財布を一つ拾ったのですが、中に金貨が入っていたのです。このまま幸運が続いてほしいというのが私の望みなのですが、誰でもこういう望みは持っていると思います。そこでどうすれば幸運を引き寄せられるかを話し合えば、幸運を誘い込む方法が分かるかもしれないのではないでしょうか」

アルカドは言った。

「これは大変に面白い話題が出されましたな。ここで議論するのに実にふさわしい内容でしょう。幸運というものは単なる偶然の出来事で、事故と同じく、これといった理由も目的もなく降りかかるものだという者もいる。一方で、すべての幸運を司っているのは最も恵み深い女神アシュタルテで、この女神を喜ばせさえすればいくらでも贈り物を施してくれるものだと信じている者もいる。いかがです、みなさん、ご意見はありませんかな。我々全員それぞれに、幸運に恵まれるようにする方法があるかどうか考えてみますかな」

「みよう、みよう。大いにやってみよう」

熱心な聴衆からの反応はだんだん大きくなった。そこでアルカドは続けた。

「議論の手始めに、この服飾職人の方と同じような体験に恵まれた方がここにおられたら、まずその方の体験を最初にうかがおうではありませんか。自分では特に何も努力せずに、価値ある財宝や宝石を見つけたり、手に入れたりされた方はおられますかな」

しばらく黙ったまま誰かが応えないかと皆辺りを見回したが、誰も口を開かなかった。アルカドは言った。

「なんと、どなたもおられない。では、この種の幸運はまずめったにないものに違いない。では、我々はどの辺りから幸運について考えてみればいいのか、どなたか何かアイディアはありませんかな」

　仕立ての良いマントを着た若者が立ち上がって言った。

「それならば考えがあります。幸運のことを考えるのであれば、賭博場のことを考えてみるのが自然ではないでしょうか。賭けに勝って大儲けさせてくれるよう、幸運の女神に祈りを捧げている人が、そこには大勢いるではないですか」

　若者が腰を下ろすと、どこからか声がかかった。

「おいおい、そこでやめなさるな。話を続けたらどうだい。君は賭博場で女神に幸運を恵んでもらえたのかね。女神は君の賭けるサイコロの目を出して財布をふくらませてくれたかね。それとも違う目を出して、せっかく君が汗水たらして稼いだ金を胴元に取られてしまったかね」

　どっと起きた笑い声に、若者も一緒に笑ってから答えた。

「正直に言って、私がそこにいたことに女神は気づいてもくれなかったようです。でも、ほかのみなさんはどうなんです。女神が待っていてくれて、みなさんが出てほしいと思う目を出してくれましたか。ぜひともお訊《き》きしたいし、知りたいことです」

アルカドが口を挟んだ。

「議論の初めとしてはうまい例えですな。ここに来ているのは、それぞれの問題をあらゆる面から検討するためです。ほとんどの人間が共通に持っている本能を見逃さないようにしようとすれば、賭博を無視するわけにはいきますまい。みなさんは、わずかばかりの銀貨を賭けて大儲けするのが大好きなようですから」

別の者が声をあげた。

「そういえば、昨日のレースを思い出しましたよ。女神が賭博場の常連なら、レース場を見逃すことはないでしょう。輝くばかりの戦車と汗びっしょりの馬が生み出す興奮は、サイコロの賭けなどよりずっと大きなものですから。本当のところはどうなんです、アルカド殿。

昨日あのニネヴェから来た葦毛《あしげ》馬に賭けるよう、女神はあなたにささやいたんじゃないですか。私はあなたのすぐ後ろに立っていましたが、あなたがあの葦毛馬に賭けたと聞いて耳を疑いましたよ。まともなレースだったら、我らが自慢の鹿毛《かげ》に勝てる馬はどこを探したっているはずがないことは、あなただって十分ご承知でしょう。

あの葦毛馬に賭けるよう、女神があのときあなたにささやいたんじゃないですか。

最後のコーナーで内側の黒毛がつまずいて転倒し、我々の鹿毛の邪魔をするから、あの葦毛馬が労せずしてレースをさらうことになると、女神が教えてくれたんじゃないんですか」

こう冷やかされて、アルカドはゆったりと笑みを浮かべた。

「かのありがたき女神が個々の人間の競馬の賭けに、いちいち大きな関心を払うと、どういうわけで思われるのですかな。私にとって、かの女神は愛と高潔の女神で、救いを求めている者を助け、ふさわしい者には報いを授けることを喜びとされる神です。女神を探すとすれば、金を稼ぐよりは失うほうが多い賭博場やレース場ではなく、人人の行ないにもっと価値があり、報酬を受けるによりふさわしい場所でしょうな。

土地を耕すことやまっとうな商売といった、どんな職業であっても、本人の努力と取り引きを通じて利益を生む機会はあるものです。しかし、いつも適切に見合う報酬があるとは限らんでしょう。風や天気でせっかくの努力が台無しになることもあるでしょうし、判断が間違うこともあるでしょう。それでも努力を続けるならば、報われるようになっていると言っていい。なぜならば、儲けを出すチャンスはいつでもその人に有利な状況になっているからです。

けれども、賭博をするときには状況は逆転します。儲けるチャンスは、賭ける人間にとっては必ず不利であり胴元にとっては有利なようにできているからです。賭博は常に胴元に有利になる仕組みになっています。賭けに参加している者たちのごく一部だけにたくさんの儲けが出るよう仕組んでおくのが胴元の仕事です。胴元の儲けがどれほど確実なもので、自分たちが勝つチャンスがどれくらい気紛れなものか、それを理解している人間は賭けの輪の中にはまずいません。

例えばサイコロに賭ける場合を考えてみましょう。サイコロが投げられるたびに、どの面が上になるかで我々は賭けをします。六つの面のうち赤の面が出たならば、親は賭けた金の四倍を支払います。

しかし、ほかの五つの面が出れば、我々は掛け金を失います。とすると、サイコロが投げられるたびに負ける可能性が五倍あるということになります（勝つ確率は六分の一。つまり反対に親が勝つ確率は六分の五）。

ところが、赤が出たときの払い戻しは四倍なわけですから、我々が勝ったときの儲かる確率は六分の四になります。さすれば親は、一晩で賭けられたすべての金の六分の一を儲けとして確保できるという計算なわけです。どんなに賭けても、その六分の一は負けるように仕組まれた勝ち目を相手にすれば、勝てるとしてもごくたまでしかないのです。この考えに反論できる方はおられますかな」

聴衆の一人が反論した。

「でも時には大金を稼ぐ人間もいるじゃないですか」

「まさしくそのとおり、そういう人もいますな。そうなると次に、賭博で懐《ふところ》に入った金というものは、そういう幸運に恵まれた人々にとって、その価値が長続きするものかどうか、という疑問が湧いてきます。私はバビロンで成功した人を大勢知っていますが、賭け事で得た金をもとにして立派に成功した人間は、ただの一人として思いつきません。

今夜ここにお集まりのみなさんならば、ほかにも大勢の裕福な市民とお知り合いの方がおられましょう。そうした裕福な人々の中で賭博場のテーブルを成功のきっかけとされている方がどれくらいおられるか、私はとても関心があるところです。みなさん一人ずつ、そういう方をあげていただけませんかな」

しばらく沈黙が続いてから、一人のひょうきん者が発言した。

「お尋ねの中には胴元も含まれますかね」

「ほかに誰も思いつかなければ、ですな。みなさんがどなたも何も思いつかなければ、みなさん自身はいかがです。どなたか、いつも賭博で勝っているのだが、定期的な収入源としてそれをすすめるのをためらっている方はおいでですかな」

　こう言われて、後ろのほうの席から次々にうめき声があがり、やがて大笑いとなった。

「どうやら幸運の女神が賭博場の常連だといって、そこに幸運を求めている方はここにはおられぬようですな。では、ほかをあたってみましょう。落ちている財布を拾ったからといって、幸運の女神のおかげというわけではなかった、でしたな。幸運の女神が賭博場にちょくちょく現われるわけでもない。私も白状しますと、競馬といえば、これまで勝って儲けた額よりもずっとたくさんの金をすっておるんですよ。

　さてそれでは、我々の商売や仕事のことと比較して考えてみるのはいかがでしょうかな。まず、儲けの出る取り引きをまとめると、それは幸運のおかげではなくて、自分の努力に対する正当な報酬だと考えるのが普通ではないですかな。

　とすると、どうも我々は幸運の女神の贈り物にそれと気づいていないこともあるということになりませんかな。実際には幸運の女神が助けてくれているのに、その気前の良い贈り物にありがたみを感じていないのではないですかな。これについてどなたかご意見のある方はおられますか」

　これを聞いて、年配の商人が上品な白いガウンを伸ばしながら立ち上がった。

「アルカド殿とみなさんのお許しがあれば、一つ提案をさせていただきたい。あなたの言うように、我々が事業で成功しているのは自分自身の勤勉と能力によるものと考えるならば、もう少しというところで逃した大魚、最大の儲けが出るはずだった出来事についても考えてみたらいかがでしょうか。そういう実例が実際にあれば、それは稀なほどの幸運な出来事のはずだからです。実際には実現しなかったのだから、正当な報酬でもないわけですし。ここにおいでのみなさんの中には、そういう体験をした方はたくさんいらっしゃるでしょう」

アルカドも認めた。

「これはうまい考え方ですな。幸運をもう少しで掴めるところだったが、逃してしまった体験をした方はおられますかな」

大勢の手が挙がった。提案した当の商人も手を挙げていた。アルカドはまず、その商人に話すよううながした。

「この考え方を提案されたのはあなただから、あなたのお話をまずお聴きしたいですな」

「喜んでお話ししましょう。幸運というものが人間にどう近づくか、そしてその人間が全く愚かにも、近づいてきた幸運を逃してしまい、おかげで大変な後悔をした話です。

もう何年も前のことですが、私が結婚したばかりのまだ若い頃、きちんとした稼ぎを始めたときのことです。ある日父がやって来て、ある事業への投資に加わるように、とこれ以上ないほど強くすすめてきました。父の親友の息子が、市の外壁からそう遠くない広い荒地に注目していたのです。そこは運河からは高い位置にあって、水が全く届かないところでしたが、十分投資に値する地だと踏んでいたのです。

父の親友の息子はこの土地を買い入れ、牛が動かす大きな水車を三基作り、この肥沃な土壌に生命の源である水が上がるようにする計画を立てました。それが出来上がれば土地を細分化して、市民に家庭菜園として売る予定でした。

ただ、その息子はこの事業を完成するのに十分な金を持っていませんでした。この男も私と同じく、若いながらきちんとした収入を持っていましたが、彼の父親もまた私の父同様、大家族を養っているので資金的に余裕はありませんでした。そこで事業に参画する投資グループのメンバーを募ることにしたのです。グループは十二人からなり、メンバーはきちんとした収入を持つ者に限られました。それぞれが収入の十分の一を事業に投資し、土地が売れるようになるまで続けることになっていました。利益は投資額に応じて、公平に分配される取り決めでした。父は私に言いました。

『いいか、息子よ。おまえは成人したばかりだ。おまえには世間で恥ずかしくない人間になれるように、しっかりした資産形成を始めてもらいたいというのが、わしの心からの願いだ。おまえの父親が慎重に考えもしないで失敗したことから、教訓を学んでもらいたいのだ』

私は答えました。

『ぼくもそうしたいと思っています、お父さん』

『では、わしの言うとおりにするのだ。わしがおまえくらいの年だったときにやるべきだったことを実行するのだよ。おまえの収入の中から十分の一を有利な投資に回すのだ。この十分の一の金と、その金が稼いでくるものがあれば、おまえは今のわしの年になる前に、相当の財産を築くことができるはずだ』

『お父さんのおっしゃることは知恵の泉です。ぼくもぜひ金持ちになりたいと思います。でも、今の収入には使うあてがたくさんあります。おっしゃるとおりにするというのは気が進みません。ぼくはまだ若いから、時間はたっぷりありますし』

『おまえの年にはわしもそう思っていたよ。だが見るがいい、それからもう何十年も経ったが、わしはまだ始めてもいないのだ』

『時代が違いますよ、お父さん。ぼくはお父さんのような間違いをしなくてすむでしょう』

『おまえの目の前にチャンスが転がってきたのだぞ。これを機会に裕福になれる可能性があるのだ。頼むからぐずぐずしないでくれ。明日、わしの友人の息子のところへ行き、おまえの収入の十分の一を事業に投資するよう取り決めるのだ。必ず明日行くのだぞ。チャンスというものは今日は目の前にあっても、すぐになくなってしまうものなのだ。だからぐずぐずしてなどいられないのだよ』

父のすすめにもかかわらず、結局私はその気になれませんでした。ちょうどそのとき、東方から商人たちが新品の美しいガウンを持ち込んできていて、こんなにきれいなガウンならぜひとも自分たちのものにしたい、と妻と話していたところだったからです。収入の十分の一をその事業につぎ込むことにすれば、ガウンをはじめ、欲しいものややりたいことを諦めなければなりませんでした。

私はぐずぐずと決断を遅らせ、とうとう手遅れになりました。例の事業は誰にも想像がつかないほど大きな利益を上げていたのです。以上が、どうして幸運を逃してしまったかという話の顛末です」

話が終わると、砂漠からやって来た浅黒い男が論評した。

「今のお話をうかがうと、**チャンスを拒まない人間にはチャンスが訪れるものだ**ということがよく分かりますな。財産を築くには、何はともあれ始めるきっかけがなければなりません。そのきっかけは、稼ぎの中から最初の投資に振り分けたほんの数枚の金貨や銀貨ということもあり得るでしょう。

現在、私は多くの家畜を持っています。でもその手始めは、まだほんの子供の頃、銀貨一枚で子牛を一頭買ったことです。この出来事は今の財産を築く初めの一歩として、私にとってはとても大事なことでした。

財産を築く初めの一歩を踏み出すことは、誰にでも訪れる可能性のある幸運といえるでしょう。どんな人間にとっても、この第一歩はとても重要なものです。なぜならそれは、自分の仕事だけが収入である人間から、その金を活かしてさらに収入を得る人間へと変身させるものだからです。

その一歩を若いときに運良く踏み出す人は、あとから踏み出す人や、不運にもこちらのお父上のようについに踏み出さなかった人より、はるかに大きな成功を収めることができるのです。

先ほどお話しされた方が青年期にチャンスを捉えてその第一歩を踏み出していたならば、現在この世の中にあるすばらしいものを、はるかにたくさん授けられていたことでしょう。服飾職人の方の財布を拾ったという幸運が、その第一歩を踏み出すようながすものであるとすれば、その出来事は、大きな財産への入口以外の何ものでもないはずなのです」

異国から来た男が立ち上がった。

「ありがとう。私にもしゃべらせていただきたい。私はシリア人です。あなた方の言葉はよくしゃべれませんが、今の方、商人の方の行動に、ある呼び名をおつけしたい。無礼なことと思われるかもしれませんが、それでも呼び名をおつけしたいのです。ただ、残念ながらあなた方の言葉で何と言うのか分かりません。シリアの言葉で言ってもみなさんにはお分かりいただけないでしょう。どなたか、自分にとって非常に利益となる出来事を避けてしまうような人間をどう呼べばいいのか、教えていただけませんか」

声があがった。

「**優柔不断な人間！**」

「それです、それです」

シリア人は叫び、興奮しながら両手を振り回した。

「そう、チャンスが来たときにそれを活かせない人だ。待ってしまう人だ。ほかにすることがたくさんあってできやしない、と言い訳を並べる人だ。幸運の女神は、そんなのろまな人間のことは待ってくれない。本当に幸運でありたいと願う人なら、素早く行動するはずだと女神は考える。チャンスが来たときすぐに行動しない人間は、こちらの商人の方のようにひどく優柔不断な人だ」

これには笑い声が起こったが、かの商人は立ち上がり、丁寧におじぎを返した。

「シリアの異邦人殿、真実を口にするのをためらわず、よくぞ言われた」

再びアルカドが呼びかけた。

「ではもう一つチャンスを巡る話を聴きたいと思うが、いかがかな。どなたか別の経験をされた方はおられぬか」

赤いマントをまとった中年の男が応えた。

「私が話しましょう。私は家畜の仲買人です。主に駱駝《らくだ》と馬を扱っています。羊や山《や》羊《ぎ》を扱うこともあります。これからお話しするのは、ある晩、思いがけず幸運が訪れたそのときの話です。あまりに思いがけないものだったので、それをチャンスだとは思わずに見逃してしまったのではないかと思います。その点については、みなさんのご判断におまかせしますが……。

ある晩、駱駝を探して十日間旅をした末にがっかりして街に戻って来た私は、市の門が閉じられてしまっているのを見て怒り狂いました。仕方なく奴隷たちが夜を過ごすためテントを張りましたが、食糧は少なく、水は底をついていました。そのとき、やはり同じように締め出されてしまった年老いた農民が一人、近づいて来たのです。『旦那、そのおなりからして家畜の仲買人さんとお見受けします。もしそうであれば、ちょうど追い立ててきたとびきり上等上質の羊を、一群れ買っていただきたいのですが……。と申しますのも、女房が熱病で臥《ふ》せっておりまして、とにかく急いで戻らねばならぬのです。旦那が私どもの羊を買ってくだされば、私は奴隷たちとともに駱駝に飛び乗って早々に家に帰れるわけです』

すでに辺りは真っ暗で、群れそのものは見えなかったのですが、鳴き声から大きな群れだと分かりました。十日間駱駝を探し回りましたが、見つからず戻って来たのですから、この農民と取り引きできることを喜びました。農民は焦っていたので、私にとってこれ以上ないほど手頃な値段をつけてきました。私は取り引きに応じました。朝になれば奴隷たちが群れを市内に追い込めますから、そこで売ればかなりの儲けが出ることは分かっていました。

取り引きが成立すると、私は奴隷たちに松明《たいまつ》を持ってこさせ、農民が九百頭だと断言したその群れを数えるよう指示しました。押し合いへし合いしている羊が九百頭もいるとき、数を数えることがどれほど難しいか、ここでくどくど説明することはいたしますまい。そんなことは不可能だということがはっきりしました。そこで私はその農民に、明るくなってから数えるからそのとき金を払うと申し渡しました。

『お願いでございます、旦那。今ここで三分の二をお支払いください。そうすれば私は家に帰れます。私の奴隷の中で一番賢く教育も行き届いた者を置いてゆきますから、明朝、数を確認するお手伝いもできましょう。この者は信用できますので、残金はその者にお支払いくださいませんか』

けれど私は頑固で、その晩のうちに支払いをすることを拒みました。翌朝、私が目を覚ます前に市の門が開き、四人の仲買人が飛び出して来ました。当時街は敵に包囲されそうになっていて食糧が十分ではなかったので、仲買人たちは高い金でも喜んで払おうとしていました。結局その老いた農民は、最初私に示していた三倍の金を受け取ることになりました。こうして、めったに来ない幸運は私から逃げてしまったのです」

「これはまた実にめずらしいお話ですな。今の話の教訓は何でしょうな」

アルカドが論評をうながすと、年老いた威厳のある鞍《くら》作り職人が言い出した。

「取り引きが良いものだと納得したら、その場で支払いをしてしまうべし、ということではないでしょうか。取り引きが良いものであれば、人間は誰でもなんとかして自分の弱さを克服する必要があるということではないですかな。命あるものは気が変わりやすいのです。そして残念ながら、気が変わるときは、正しい方向へ変わるよりもまずい方向へ変わることのほうが多いと言わねばなりません。間違っている状況の中では、我々は実に頑固です。反対に正しい状況の中では、心がふらふらしていてすぐにチャンスを逃してしまいます。

最初の判断が一番良いのです。けれど私にしたって、うまい取り引きができた場合でさえ、常にそれを押し通すことは実に難しい。ですから自分自身の弱さに対する対策として、私はその場で素早く手付け金を払うことにしています。こうしておけばあとになって、あの幸運は自分のものだったのに、などと悔やまなくてもすみますからな」

先のシリア人がまた立ち上がって言った。

「失礼します、また言わせてください。今のお話はどれも同じですね。チャンスが飛び去るのはいつも同じ理由です。優柔不断な人のところへチャンスがやって来て、いい話を持ちかけます。しかしその人たちはいつだって、ためらうだけで何も言わないし、何もやらない。今が一番のチャンスと分かれば、私ならすぐに行動しますね」

先の家畜の仲買人が応えた。

「まことに的を射たお言葉ですな。確かに幸運というものは、躊躇《ちゅうちょ》している間に逃げてしまうものです。そうです、これは何もめずらしい話ではない。優柔不断という心は、どの人間にもあります。我々は金持ちになりたいと思っている。ところが、いざチャンスが目の前に差し出されると、内なる優柔不断の心が出てきて、せっかくのチャンスをさまざまな口実で遅らせようとするのです。その心の声にいったん耳を傾けてしまうと、それは自分自身にとって最悪の敵となるのです。

若い頃の私には、優柔不断という言葉の意味が理解できませんでした。いい条件の商談をたくさん逃してしまっているのは、初めは、自分の判断がまずかったためだと思っていたのです。少し時間が経ったあとでも、その原因を自分の頑固な気質のせいにしていました。ところが、ずっとあとになって、ようやく本当の原因が何だったのか分かったのです。

その元凶は、断固たる決意で迅速に行動することが求められているときに、不必要にぐずぐずする習癖だったのです。原因の本質が明らかになったとき、私は心底その習癖を憎みました。私は戦車につながれた野生の驢馬《ろば》のように、何とも苦い思いを抱きながら、自分の成功を妨げていたこの敵の足枷《あしかせ》を知ったのです」

シリア人が家畜の仲買人に対してさらに尋ねた。

「失礼します。あなたにおうかがいしたい。あなたは仕立ての良いマントを着ていらっしゃる。貧乏人が着るものではない。そのうえあなたは成功された人のようにしゃべっておられる。ならば教えてください。あなたは優柔不断の声が耳元でささやくとき、今でもその声に従ってしまうのですか」

「その声に惑わされないよう、優柔不断の心を捕まえて征服しなければなりませんでした。私にとってそのささやきは、成功への足を引っ張ろうと、常に見張って待ち構えている敵だと分かったのです。

先ほどお話ししたものは、この敵がいかにチャンスを遠ざけてしまっていたかを示すもので、同じような例はたくさんありました。けれど、一度分かってしまえばこれを征服することは難しくありません。自分の穀物の入った瓶《かめ》を泥棒が盗んでゆくのを喜んで見逃す者はおりますまい。同様に、儲ける機会をこの敵が奪ってゆくのをみすみす許す人間もいないでしょう。

優柔不断の心がこうした邪魔をしているのが分かってからは、私は断固としてこれを打ち破りました。人間誰しも、自分の内にある優柔不断の心を支配してからでなければ、バビロンの豊かな富の分け前にあずかることなど期待できないのです。

いかがですか、アルカド殿。あなたはバビロンで一番裕福な方だから、あなたのことを誰よりも幸運な人だと言い張る人間はたくさんいます。あなたは、自分の内にある優柔不断の心を完全に叩きつぶさない限り、成功を手に入れることはできない、という私の意見に賛成ですか」

「あなたのおっしゃるとおりですな。私の長い人生を通じて、何世代もの人間が成功へと続く道を前へ前へと進んでゆくのを見てきました。チャンスは全員に訪れるのです。運を摑んで自分が最も望むことの実現に確実に進んでいった人もいます。けれども、大多数の人はためらい、ふらつき、そして落伍してゆきました」

アルカドは話を切り出した服飾職人に向き直って続けた。

「幸運について話し合ってみようと申されたのは、あなたでしたな。さて、今あなたはどう思っているのか、お聞かせ願えませんかな」

「私はこの話し合いで、幸運について別の見方をするようになりました。幸運というのは、何の努力をしなくともやって来る、これ以上ないほど望ましいものと思っていました。しかし、そうした出来事は、自分の身に自然に呼び込むことができるような類のものではないと悟りました。

つまりこの議論から分かったことは、**幸運を呼び込むには、与えられたチャンスを**

活かすことが必要だということです。これからは、チャンスが与えられたならば、最大限活かせるように努めるつもりです」

「我々の議論で明らかになった真理をよく把握されておられますな。**幸運というものはチャンスのあとに来ることが多い**のであって、その反対は、めったにないということです。先ほどのご年配の商人殿は、あのときもし幸運の女神が与えてくれたチャンスを摑んで事業に投資していたなら、大変な幸運を手に入れることになっていたでしょう。仲買人殿も同様、羊の群れに対する支払いをしてそれを売っていれば、一財産作れるという幸運を味わえたことでしょう。

私たちはさらに議論を進めて、どうすれば幸運を誘い込むことができるか、その方法を見つけようと試みました。今、みなさんにはその方法がお分かりになったことと思います。どのお話も、幸運はチャンスのあとに続いてやってくることをはっきりと示していました。それは、幸運を巡る同じような話や幸運を逃してしまった話をいくら繰り返したところで、変わらない真実なのです。その真実とはこうです。

幸運はチャンスを摑むことによって誘い込むことができる。

自らの境遇を良くするためのチャンスを摑みたいと思っている人間にだけ、幸運の女神が関心を寄せるのです。女神はご自分を喜ばせてくれる者に対して手助けするのです。そうです、女神が最も喜ぶのは〝行動する人間〟なのです。行動こそが、めざす成功へと導いてくれるのです」

──「幸運の女神」は行動する人間にしか微笑まない。

（第三話　了）

第四話

金貨の袋か、「知恵の言葉」が刻まれた粘土板か

──大富豪アルカドの息子ノマシアの苛酷な試練

「金貨がいっぱい詰まった袋か、知恵の言葉が刻まれている粘土板か。どちらか一つを選べと言われたら、おまえたちならどちらを選ぶかな」

砂漠に生えた灌木からおこしたたき火の明かりに照らされて、聴き手たちの陽に焼けた顔が好奇心に輝いた。

「金貨です、もちろん金貨です」

二十七人の声が重なった。老カラバブは「そうだろうのう」というように、にやりと笑った。そして、片手を挙げながら言葉を継いだ。

「耳を澄ましてみよ。夜の闇に野犬どもが吼《ほ》えておろう。あのように遠吠えを繰り返しておるのは、いつも腹をすかせて骨と皮になっておるからじゃ。ではあやつらに餌《えさ》を与えればどうなるかな。喧嘩をしては威張りくさるじゃろう。それも何度も繰り返す。明日のことなど何も考えぬ。明日という日は必ずやって来るのじゃがな。

人間の輩《やから》もまるで同じじゃ。〝金貨〟と〝知恵〟を選ばせてみよ――どうなるか。

知恵を無視して、金貨など選んだところで、結局どぶに捨てるようなもんじゃ。翌日になればもう金がなくなったと嘆くだけじゃろう。金貨はな、その決まりを知り、それを守るもののところに留まるものじゃ」

老カラバブはやせた足に白いマントを引き寄せた。夜風が冷たく吹いてきたからだ。

「おまえたちは、この長い旅の間、忠実にわしに仕えてくれた。駱駝《らくだ》の世話も念入りじゃったし、砂漠の熱い砂の上を横断するときも文句ひとつ言わなかった。わしの商品を奪おうとした盗賊どもとは勇敢に闘ってもくれた。そこでじゃ、今夜はひとつ、〝五つの黄金法則〟の話をしてやろう。おまえたちが今まで聴いたこともないような話じゃ。

よいか、わしの話すことをよおく聴いておくのじゃ。その話の言わんとするところを酌《く》んで注意を払っていけば、将来たんまりと金貨を持てるようになるはずじゃ」

その言葉を聴くと、皆一瞬だまり込んだ。頭上には、バビロニアの澄み切った夜空に星々が明るく輝いている。一同の後ろにある色あせたテントは、砂嵐が来る場合に備えてしっかりと縛りつけられていた。テントのすぐ脇には商品が梱包され、きちんと重ねられて覆いがかけてある。近くには駱駝の群れが砂の上に散らばって、満足げにもぐもぐと口を動かしたり、しゃがれた鼾《いびき》をたてたりしていた。

運び屋のリーダーが口を切った。

「あんたは今までたくさんの話をしてくれたが、どれも皆ためになったぜ、カラバブさん。明日になってあんたとの契約が切れても、俺たちはあんたの知恵を頼りにするぜ」

「ただ、これまでおまえたちにしてきた話は、遠い異邦の地でのわしの冒険談ばかりじゃった。だが、今夜話すのは、〝バビロンの大富豪〟と呼ばれた男、アルカドの知恵の話じゃ」

「その男の名前はよく耳にするな。なんせ、そいつはバビロン史上最大の金持ちだったそうじゃないか」

「アルカド以上の金持ちがいなかったことは確かじゃな。というのも、あのお人は金のことに関してとても賢明だったからで、あれくらい賢い人間はそれまでおらなんだ、ということだろう。今夜話すのは、ずっと昔、わしがまだガキでニネヴェにいた頃、あのお人の息子ノマシアから教わった〝アルカドの偉大な知恵〟じゃ。


その晩、わしの主人とわしは、ノマシアの館に遅くまでお邪魔しておった。わしは主人のもとで上質の布地を大量に運んでいて、ノマシアはそれを一つずつ試してはお気に入りの色を揃えていった。やがてノマシアは満足したような顔つきで、わしらも一緒に腰を落ち着けるよう命じてから、めずらしい飲み物を出してくれた。すばらしい香りとこれ以上ないほど体を暖めてくれる飲み物で、普通なかなか飲めないものじゃったよ。

それを飲みながらノマシアは、偉大な父親アルカドの話をし始めたんじゃ。それをそのまま話すとしよう。

皆も知っているように、バビロンの習慣では父親が裕福な家の息子たちは、父親の財産を相続できるだろうと期待して、両親と一緒に住んでいる。アルカドはこの習慣を良くないと考えていたのだな。そこでノマシアが成人すると、息子を呼んでこう告げた。

『ノマシアよ、私はおまえに財産を継いでもらいたいと思っている。だが、その前にまず、受け継いだ財産を上手に扱う能力があることを、おまえ自身が証明しなければならぬ。だからおまえには、広い世界に出て行き、そこで〝金を稼ぐ能力〟と〝人々の尊敬を勝ち得る能力〟がともにあることを私に示してほしいのだ。

おまえの門出を祝福するために、私は二つのものをやろうと思う。私の若いときにはまだ貧しくて、財産を作ろうと決心した時点では、持つことができなかったものだ。

まず第一にこの金貨の詰まった袋だ。おまえがこれを賢い方法で用いるならば、将来の成功の礎《いしずえ》になるだろう。

二つめは〝五つの黄金法則〟を刻んだこの粘土板だ。おまえ自身が行動する中でこの法則を応用できれば、資産と安全を確保できるはずだ。

今日から十年後、この場所に戻って来て、おまえの経験したことを話しなさい。その話でおまえが自分の力を証明できれば、私は後継者としておまえを指名する。証明できなければ、財産は僧侶たちに寄付する。僧侶たちはそれと引き替えに、私の魂が神々に優しく扱われるようにしてくれるだろうからな』

ノマシアは自らの人生を築くための旅に出発した。金貨の袋と絹の布に丁寧に包んだ粘土板を携え、奴隷とともに馬に乗って出かけた。

それから十年後、ノマシアは約束どおり、もとの場所である父親の家に戻って来た。アルカドは息子の帰還を称えて、友人親戚を大勢招いて大がかりな宴《うたげ》を張った。宴が果てると、両親は広間の片側にある玉座のような椅子に座り、ノマシアはその前に立って、父親に約束したとおり自らの体験を話し始めた。

すでに外は暗くなっていた。室内はオイルランプの芯から立ち昇る煙でかすみ、ランプの光もぼんやりと鈍くなっていた。白い上着やチュニック（シャツ風の衣服）を着た奴隷たちが、長い柄のついた椰子《やし》の葉を規則正しくあおって、むしむしする空気を追い払っている。荘厳で威厳に満ちた雰囲気だった。ノマシアの妻と二人の若い息子、友人たちやほかの一族もノマシアの後ろの絨毯《じゅうたん》に座り、耳をそばだてていた。

ノマシアはうやうやしく口を開いた。

『父上。あなたの知恵には恐れ入るほかありません。十年前、私が成人したばかりの頃、あなたは私を送り出し、単なる相続人候補として家に居残る代わりに、一人前の人間になるようにしてくれました。

あのとき、あなたはご自分の金貨を気前よく分け与えてくれました。また、その知恵も気前よく授けてくれました。ああしかし、ここで白状しなければなりませんが、金貨に関していえば、私は全く恥ずかしい使い方をしてしまいました。使うどころか未熟な私の手から、あっという間に逃げてしまったのです。まるで野生の兎《うさぎ》が、捕まえた若者の手から隙を見てさっと逃げてしまうようなものです』

父親は鷹揚《おうよう》に微笑んだ。

『続けなさい、ノマシアよ。おまえの話はどんな些細なことにも興味をそそられるぞ』

『私はまずニネヴェに行くことにしました。あの街は大きくなり始めたところで、そこへ行けばチャンスがあるはずだと判断したからです。あるキャラバンに参加し、道中数え切れないほどの友人ができました。その中に言葉巧みな二人の男がいました。彼らは風のように走り、今まで見たこともないような美しい白馬を持っていました。

旅をするうちに、内密の話だがと言って、二人は私にある話を持ちかけてきました。ニネヴェには金持ちの男が一人いて、その男の持っている馬は俊足で、これまでに負けたことがないというのです。その持ち主は、自分の馬より速く走れる馬はこの世にはいないと信じていました。自分の馬はバビロニアのどんな馬と競走しても勝てると言って、いつでも賭けに応じるということでした。

ところが二人の友人の話では、自分たちの白馬に比べれば、その男の馬などのろまな驢馬《ろば》みたいなもので、簡単に勝てると言うのです。二人は、自分たちの賭けに乗らないかと誘ってくれました。

彼らはそれまで、私に特別親切にしてくれていたので、私はこの計画にすっかり夢中になりました。しかし、我々の馬はこてんぱんに負けてしまい、私は持っていた金の大半をすってしまったのです』

父親は笑って、耳を傾け続けた。

『あとになって気がついたのですが、これは彼らの詐欺の手口で、二人はいつもキャラバンに加わって旅をしては、カモになりそうな相手を探していたのです。つまり、ニネヴェの男は二人とグルになっていて、自分が勝った賭け金をあとで三人で山分けしていたわけです。この悪賢い詐欺にひっかかったおかげで、私は自分の身を守るための最初の教訓を学びました。

続いて私は、すぐに二つめの教訓を学ぶことになりましたが、これもまた厳しいものでした。キャラバンの中に特に親しくなったもう一人の若者がいました。彼は裕福な家庭の息子で、私と同じく、ニネヴェに旅をしていたのです。我々がニネヴェに着いて間もなく、その若者はある情報を私に知らせてきました。

ある商人が亡くなり、その店の価値ある商品と上等なお得意様の両方を、わずかな金で手に入れることができるというのです。我々は対等の出資者という取り決めをしたのですが、その前に彼はバビロンに戻って自分の分の金を確保しなければなりませんでした。若者に説得され、私は自分の持っていた金でその株を先に買うことにしました。あとで友人の金を事業の運転資金にすることに同意したからです。

しかしその若者は、バビロンへ戻るのをずるずると延ばしました。その間一緒に働いたのですが、仕入れにあたっての知識もなく、事業についても愚かな人間であることが判明しました。私はとうとう若者を追い出しましたが、すでに事業はぼろぼろになっていて、あとに残ったのは売り物にならない商品だけ、ほかの商品を仕入れる金さえ失くなっていました。私は残ったものをあるイスラエル人に、二束三文で売り払いました。

それからの日々はまことにつらいものでした。私は働き口を探しましたが、いっこうに見つかりません。私には収入を得られるような特技もなく、手に職も持っていなかったからです。私は馬を売りました。奴隷も売りました。食事と眠る場所を求めて、予備のガウンも売りました。けれども日が経つにつれて、ぞっとするようなさらにつらい耐乏生活が目前に迫ってきていたのです。

けれどもそのつらい日々にあって、父上が自分を信頼してくれていたことを私は思い出しました。あの日父上は、私が一人前の人間になるようにと送り出してくれ、そして私もあのとき、見事一人前の人間になってみせようと決意したはずだったのです』

この話を聴いていたノマシアの母親は、手に顔を埋めて声を殺して泣いていた。

『このときになって初めて、私は父上が〝五つの黄金法則〟を刻んでくださった粘土板を思い出しました。そこで私は、父上の知恵の言葉を、これ以上できないというくらい注意深く読みました。そのとき、初めからこの知恵を求めていたなら、持っていた金貨を失ってしまうことはなかったと悟りました。私は法則を一つひとつ頭に刻み込み、この次幸運の女神が私に微笑んでくれたなら、若者の未熟さにではなく、経験を積んだ知恵の導くところに従おうと心に決めました。

今宵、ここにご同席の皆様のために、十年前、粘土板に刻んでくださった我が父の知恵の言葉、〝五つの黄金法則〟を読み上げましょう。

一、将来の資産と家族の財産を築くため、最低でも収入の十分の一を貯めるならば、黄金は自ら進んで、しかもだんだんとその量を増やしながらやって来るだろう。
二、貯まった黄金がさらなる利益を生むような働き口を見つけてやり、家畜の群れのごとく増やせる賢明な主人となるならば、黄金は勤勉に働いてくれるだろう。
三、黄金の扱いに長《た》けた人々の忠告のもとに黄金を投資するような慎重な主人であれば、黄金はその保護のもとから逃げようとはしないだろう。
四、自分のよく知らない商売や目的、あるいは黄金を守ることに長けた人々が認めないような商売や目的に使われる黄金は、その人間から逃げてゆくことだろう。
五、あり得ないような莫大な利益を生ませようとしたり、詐欺師の魅惑的な誘いに従ったり、あるいは自らの未熟で非現実的な欲望に頼ったりするような人間からは、黄金は逃げてゆくことだろう。

これが父上が書かれた〝五つの黄金法則〟です。ここには、黄金自体よりもはるかに大きな価値が書かれてあったのです。話を続けながら、そのことを証明してみせましょう』

ノマシアは再び父親に向き直った。

『先ほどは私が自分の未熟さから貧乏と絶望のどん底に陥ったところまでお話ししました。

けれども、どんな災難でもいずれ終わるときが来るものです。私の災難が終わったのは、市の新しい外壁で働く奴隷の一団を監督する仕事を見つけたときでした。

学んだばかりの〝第一の黄金法則〟に従い、私は最初の給料から銅貨一枚を取っておきました。そして給料があればいつも同じようにし、ついには銀貨一枚になるまで貯めました。これには時間がかかりました。何といっても生活もしなければなりませんから。私は支出を絞りました。というのも、十年経つまでには、父上がくださったのと同じ量の金貨を取り戻そうと心を決めていたからです。

ある日、とりわけ親しくなった奴隷監督が私に言いました。

――君は若いのに似合わず、倹約していて、稼いだ金を馬鹿なことに使わんのだな。君が貯めた金はそのまま眠っているのだろう。

たいのです。

――そうです。私は何よりも、父親がくれたのに失くしてしまった金と同じ額を貯め
――それはまた感心な目標だな。では、君が貯めた金が君のために働いて、もっと多くの金を稼ぐことができることは知っているかな。

――実はそれについては痛い経験がありまして、父からもらった金は皆失くしてしまったのです。そのせいで自分の金も失くしてしまいはしないかと思うと、何かに利用することがとても恐いのです。

　そう打ち合けると、奴隷監督は答えました。

――君がぼくのことを信用してくれるなら、貯めた金から利益を生み出すような扱い方を教えてあげよう。ここの工事は一年以内に外壁が完成して、あとは青銅で巨大な門を造るだけになる。その門は城内へのそれぞれの入口に据えて、敵から街を守るためのものだ。ところがニネヴェ中探しても、そういう門を造るのに十分な青銅はないし、王様もまだ、その準備についてはは考えていらっしゃらないようだ。

　そこでぼくはこういう計画を立てた。まず仲間を集めて資金を募る。そして銅と錫《すず》の鉱山、これは遠いところにあるが、そこへキャラバンを送る。門を造るための金属を掘り出し、あらかじめニネヴェに運んでおくのだ。王様が巨大な門を造るようお命

じになるときに、青銅を提供できるのは我々だけだから、王様はたんまり金を払ってくれるだろう。もし王様がそれを買われなくても、手元にある銅と錫は結構な値段で売れるはずだ。

この奴隷監督の誘いを聞いて、私は〝第三の黄金法則〟を思い出し、賢明な人々の忠告に従って、貯めた金を投資するチャンスだと悟りました。今度はがっかりすることはありませんでした。共同出資は成功し、ささやかな蓄えはこの取り引きによって一気にふくらみました。

やがて私はこのグループの一員に迎えられて、ほかの投資事業にも参加しました。このグループのメンバーは金を使って利益を生むのに長けていました。提案された投資計画の一つひとつについて、投資する前にかなり慎重に議論しました。元手に損害が出るような投資や、投資した金を回収できないような利益の上がらないものは避け、元手が拘束されるような危険は冒しませんでした。競馬とか、かつて私が投資した未熟な共同出資のような馬鹿げたことは一顧だにしませんでした。そういう投資には、メンバーの誰かが即座に計画の弱点を指摘してくれました。

その後私は、自分の不運、試練、そして成功を通じて、〝五つの黄金法則〟の知恵を何度も試してみました。そして、この法則は私の経験したことすべてに符合したのでした。〝五つの黄金法則〟を知らない人間のもとに黄金がやって来ることは、めったにありませんし、また、来たとしてもたちまち逃げ去ってしまいます。〝五つの黄金法則〟を忠実に守る者のもとでは、黄金は忠順な奴隷のように働いてくれるのです』

ノマシアはここで言葉を切ると、部屋の後ろのほうにいた奴隷に合図した。奴隷は一度に一つずつ、三つの重い革袋をノマシアのもとへ運んだ。彼はその一つを取り上げて父アルカドの前に置き、言葉を続けた。

『父上、十年前のあの日、あなたは私に金貨の袋、バビロン金貨の袋を一つくださいました。私はその代わりに、ここに同じ重さのニネヴェ金貨の袋をお返しいたします。交換率は誰もが納得できるものだと思います。

さらにあなたは知恵の言葉を刻んだ粘土板を一枚くださいました。その代わりとして、ここに金貨の袋を二つお返しいたします』

そう言いながら、ノマシアは奴隷から残りの袋を受け取り、同じく父親の前に置いた。

『父上、これはあなたのくださった知恵が、金貨よりもはるかに大きな価値があるのだと私が理解したことの証《あかし》といえるものです。けれども、知恵の価値を金貨の袋で計ることができる人間がいるでしょうか。知恵がなければ金貨は持っていたとしてもすぐに失われてしまうのですから。知恵があれば、初めは金貨を持っていない人間でもそれを手にすることができるのです。この三つの金貨の袋がそれを証明しています。父上、今あなたの前に立ち、あなたの知恵のおかげで私も資産家になることができ、人々から尊敬を勝ち得ていると申し上げることができるのは、まことに無上の喜びであります』

父親は片手をノマシアの頭に優しく載せた。

『おまえは教えられたことを実によく学んだ。自分の財産を任せることができる息子を持って、私は本当に幸せな人間だ』――」

老カラバブは話を終え、聴いていた者たちを鋭く見回した。

「さて、今のノマシアの話をどう聴いたかな。おまえたちの中に、自分の父親や義理の父親のところへ行って、稼いだ金をさらに増やしたという話ができる者がおるかな。

年老いた親たちは、おまえたちがこう言ったとしたらどう思うだろうかの。

『私は遠い旅に出て、多くのことを学び、まじめに働いてたんまり稼ぎました。ところが、現在金はほとんど持っていないのです。うまく使ったときもありましたが、馬鹿なことにも使いました。多くは浅はかなことに使ってしまい、金はすべて失くなってしまいました』

おまえたちは今でもまだ、『金をたくさん持っている者と持たない者がいるのは、運命が不公平だからだ』と思っているのかな。だとすれば間違っておるぞ。

〝五つの黄金法則〟を知ってこれを忠実に守れば、誰でも多くの金を持てるようになるのじゃ。

わしは若いうちにこの〝五つの黄金法則〟を学び、これを忠実に守ってきた。だからこそ今は裕福な商人となれたのじゃ。何かの魔法で財産を築いたのではないぞ。

富というものはすぐに手に入るかと思えば、同様にすぐに消えてしまうものなのじゃ。いつまでも留まって、楽しみと満足を生むような財産は急速に築けるものではない。それは知識としっかりした目的から生まれるものだからじゃ。

財産を築くことは、思慮深い人間にとっては負担の軽いものじゃ。なぜなら、その負担は、年ごとに確実に目標に近づき軽くなってゆくものだからじゃ。

〝五つの黄金法則〟は、これを守る者には豊かな報酬をもたらすのじゃよ。しかも一つひとつの法則には、深い意味が含まれておる。わしの話は短いものじゃったから意味がよく読み取れなかったかもしれん。だからもう一度繰り返して言っておこう。わしは全部記憶しておるよ。というのも、若い頃にその価値を知り、丸ごと覚えずにはいられなかったからじゃ。

第一の黄金法則

将来の資産と家族の財産を築くため、最低でも収入の十分の一を貯めるならば、黄金は自ら進んで、しかもだんだんとその量を増やしながらやって来るだろう。

収入の十分の一を継続的に蓄え、これを賢明な投資に回すものは誰でも、確実に財産を作ることができるはずじゃ。将来の収入の道も確保し、神々に常世《とこよ》の国に召された場合にも家族の安全は保証されるじゃろう。

〝第一の黄金法則〟はまた、そういう人間には金のほうから喜んでやって来ることも意味しておる。そのことはわし自身の経験から保証できる。金を貯めれば貯めるほど、ますます簡単に金が手に入ったし、その額も増えていったのじゃ。貯めた金はさらに稼いでくれるし、それはおまえたちが貯める金にしても同じなのじゃ。稼いだ金がさらにまた別の金を稼ぐ。それがこの〝第一の黄金法則〟の作用じゃ。

〈第二の黄金法則〉
貯まった黄金がさらなる利益を生むような働き口を見つけてやり、家畜の群れのごとく増やせる賢明な主人となるならば、黄金は勤勉に働いてくれるだろう。

金というものは自分から進んで働くものじゃ。チャンスさえ与えれば、自分からどんどん増えようとする。自由になる金を持っている人間には、最も有利に運用できるチャンスも訪れるものじゃ。時が経つにつれて、金は驚くべき勢いで増えてゆくのじゃ。

〈第三の黄金法則〉
黄金の扱いに長《た》けた人々の忠告のもとに黄金を投資するような慎重な主人であれば、黄金はその保護のもとから逃げようとはしないだろう。

金というものはまた、慎重な持ち主にしがみつくもので、軽率な持ち主からは逃げ出す。金を賢明に運用している人間に忠告を求める者は、自らの財産を危険にさらすのではなく、安全に保持しておいて、常に増えてゆくのを満足して楽しむ術を身につけるようになる。

第四の黄金法則

自分のよく知らない商売や目的、あるいは黄金を守ることに長けた人々が認めないような商売や目的に使われる黄金は、その人間から逃げてゆくことだろう。

金を持ちながらその運用に長けていない人間からすれば、最高の利益を生む運用先が、ほかにたくさんあるように見える。しかし、こうしたものは損失の危険に満ちていることが一般的で、賢明な人間が適切な分析をすれば、利益を生む可能性は小さいことが分かるものだ。金は貯めたが、まだ経験未熟な者が、自分の判断だけを頼りに、よく知らない分野の事業や目的に投資すると、その判断の誤りに気づく。

しかし、時すでに遅く、己の未熟さの代償を自ら蓄えた財産で払う羽目になることもよくあることじゃ。だから、せっかく貯めた虎の子は、金を運用するのに長けた人々の忠告に従って投資する人間こそ、賢明ということじゃな。

第五の黄金法則

ありうないような莫大な利益を生ませようとしたり、詐欺師の魅惑的な誘いに従ったり、あるいは自らの未熟で非現実的な欲望に頼ったりするような人間からは、黄金は逃げてゆくことだろう。

新たに金を持つようになった人のところへは、冒険物語のようなスリルに満ちた途方もない誘いが必ずやって来る。こうした誘いは、あたかも貯めた虎の子の金に魔法の力を与え、ありうないような莫大な収入を保証してくれるように見えるものじゃ。しかし、巨万の富をいきなり作れるというような計画には、どれも裏に危険性が潜んでいるということをよく自覚し、その分野の賢者の言うことによく耳を傾けることじゃよ。

ノマシアの話の中にあったニネヴェの資産家グループが守っていたルール、つまり元手に損害を出さないこと、投資した金を回収できないようなものには投資しないこと、元手が拘束されるような危険は決して冒さないこと、以上のことは決して忘れるでないぞ。

これで〝五つの黄金法則〟を巡るわしの話は終わりじゃ。これを話すことでわしは自分の成功の秘密も話したことになる。じゃがこれは、秘密でも何でもなく、真実じゃ。あそこの野犬どものように、明日の食事の心配をせねばならぬ境遇から抜け出したいと願うのなら、誰もが身につけて守らねばならぬ真実じゃ。

明日、わしらはバビロンに入る。ごらん、ベル神殿の上に灯る永遠の火が見えよう。わしらはもう、黄金の都が見えるところまで来ているのじゃ。明日には、おまえたち一人ひとりが金を持つことになる。むろん忠実に働いたことで稼いだものじゃ。

今日から十年後、おまえたちはこの金がどうなったか、わしに話してくれるかな。おまえたちの中に、ノマシアのように収入の一部を財産を作る手始めに使い、アルカドの知恵を守ってゆく者がいれば、これから十年後、その者たちが裕福になり、人々から尊敬されるようになっているというほうに賭けるのは、安全な賭けじゃろう。

人間というものは、賢明な行動を取れば一生楽しく暮らせるのじゃ。反対に、軽率な行動を取れば、苦しみがわしらについて回ることになるじゃろう。残念なことに、そうした過ちは一生忘れることができんものじゃ。

わしらについて回る苦しみの中でも最たるものは、『ああしておけばよかった』という後悔と、せっかく手の内にありながら逃してしまったチャンスの記憶じゃ。

バビロンの富はまことに大きい。あまりに大きいので、誰も自分の財産を金貨の数では数えられぬほどじゃ。その富は年ごとにますます大きくなり、ますます価値を増しておる。どこの国でもそうじゃが、その富は、公正な分け前をしっかり確保しようと追求する人間だけに用意された報酬、豊かな報酬といえるものじゃ。

おまえたちの望みの強さが魔法の力となるのじゃ。〝五つの黄金法則〟の知恵から、その力を管理するといい。そうすれば、おまえたちもバビロンの富の分け前にあずかれるはずじゃ」

（第四話　了）

「五つの黄金法則」

一、将来の資産と家族の財産を築くため、最低でも収入の十分の一を貯めるならば、黄金は自ら進んで、しかもだんだんとその量を増やしながらやって来るだろう。

二、貯まった黄金がさらなる利益を生むような働き口を見つけてやり、家畜の群れのごとく増やせる賢明な主人となるならば、黄金は勤勉に働いてくれるだろう。

三、黄金の扱いに長《た》けた人々の忠告のもとに黄金を投資するような慎重な主人であれば、黄金はその保護のもとから逃げようとはしないだろう。

四、自分のよく知らない商売や目的、あるいは黄金を守ることに長けた人人が認めないような商売や目的に使われる黄金は、その人間から逃げてゆくことだろう。

五、あり得ないような莫大な利益を生ませようとしたり、詐欺師の魅惑的な誘いに従ったり、あるいは自らの未熟で非現実的な欲望に頼ったりするような人間からは、黄金は逃げてゆくことだろう。

第五話

自ら稼いだ資金の運用は、こうして決める

――富豪の金貸しメイソンの忌憚なき忠言

金貨が五十枚！　バビロンの槍職人ロダンには、こんな大金が自分の革財布に入ったことは一度もなかった。これ以上ないほど気前の良い国王陛下の宮殿から、ロダンは浮き浮きと道を下って来た。ベルトに吊るした財布からは、一歩ごとに金貨がちゃりんちゃりんと陽気な音を立てている――こんな美しい音はこれまで聞いたことがなかった。

金貨が五十枚！　それも全部自分のものだ。こんな幸運、信じられない。いい音を立てているこの金色の貨幣にはどんな力があるのだろうか。欲しいものは何でも買える。大きな屋敷、土地、牛や羊、駱駝《らくだ》、馬、戦車、何でもだ。

この金を何に使うべきだろう。この日の夕方、妹の家に向かって脇道に折れたとき、まぶしく光るこの重い金貨のほかに、持っていたいと思うようなものは何も思いつけなかった――そう、自分のものとして取っておくのだ。

が、数日経ったある夕方、途方に暮れた顔をしたロダンは、宝石や奇妙な布地も扱っている金貸しメイソンの店に入って行った。店内にある、見事に陳列された色とりどりの品物には目もくれず、ロダンは裏手の住まいにまで入って行った。そこにはメイソンが上品な敷物の上にくつろぎ、黒人奴隷の給仕で食事を取っていた。

「どうしていいか分からんから、あんたに相談しに来たんだ」

ロダンは突っ立ったまま、無表情に言った。革のジャケットの前が開いて、毛深い胸がむき出しになっている。

メイソンはやせていて、顔色の良くない顔をほころばせながら、親しげに挨拶した。

「金貸しに助けを求めるなんて、いったいどんな軽はずみな失敗をしたんだね。賭博場でついていなかったのか。どこかのぽっちゃりした娘にでもひっかかったか。おぬしとは長い付き合いだが、今まで面倒を起こして私に助けを求めてきたことなど一度もなかったじゃないかね」

「違う違う。そんなんじゃないんだ。金が欲しいんじゃない。賢明なあんたの意見を聴きたいんだ」

「これはこれは驚いた。今何と言ったんだね。金貸しのところに意見を聴きたいなどと言ってくる者がいるかね。私の耳はどうかしてしまったに違いない」

「いや、あんたの耳は正常だよ」

「そんなことがあり得るかね。かの槍作りの名人ロダンが、別の才覚のあるところを見せるなんて。かの名人が、金貸しメイソンのところへやって来て、金が欲しいのでなく意見が聴きたいと言うんだから驚きだね。

馬鹿なことをした埋め合わせに金が欲しいと言ってきた人間は数知れないが、意見なんか聴きたいとは誰も言わなかったな。もっともよく考えてみれば、金貸しのところへはいざこざを抱えた人間がたくさん来るわけだから、私ほどうまい忠告ができる者もいないだろうがな。ところで、食事を一緒にどうだね、ロダン。今夜はお客として招待しようじゃないか」

そう言ってから、黒人の奴隷に言いつけた。

「アンドよ、私の意見を聴きに来た槍作りの名人ロダンに敷物をお出ししてくれ。今日は賓客《ひんきゃく》だからな。料理をたくさん持っておいで。それから一番大きなグラスもだ。このお客様が満足されるように、上等のワインを選んできてくれ。さてと、その困った問題とはいったい何なんだね」

「実は国王陛下から贈り物をもらったんだ」

「国王陛下からの贈り物だって！　陛下がおぬしに贈り物をされて、それが問題になっているというのか。どんな贈り物なんだ」

「金貨さ。俺が作った近衛隊用の槍の新しいデザインを陛下はいたく喜ばれて、金貨を五十枚もくださったんだ。それで今どうしていいかさっぱり分からなくなってしまったんだよ。なんせその金貨の話を聞きつけた連中から、四六時中、金を分けてくれと頼み込まれる始末なんだ」

「それは当然だな。人間は持っている以上の金を欲しがるものだし、たまたま金を持っている人間には分けてほしいと思うものさ。しかし、単純に『だめだ』とは言えないのかね。おぬしの拳は強いが、意志は弱かったのか」

「たいていの相手にはノーと言えるさ。だが、時にはイエスと言うほうが簡単なこともあるんだ。心底大事にしているただ一人の妹から〝分けてくれ〟と言われて断われるかい」

「しかしおぬしの妹御にしても、おぬしが自分で稼いだ金を好きなように使うのをやめろとは言えまい」

「いや、妹の頼みは旦那のアラマンのためなんだよ。旦那には商人として成功してもらいたいんだろう。妹はこれまでアラマンにはチャンスがなかったと思っていて、この金がチャンスになるよう、旦那に貸してくれとせがむんだ。そうすれば旦那は商人として成功するから、その利益で返済すると言うんだよ」

「ロダン、これは検討するだけの価値がある話だな。金は金を持つ者に責任をもたらし、仲間内の地位を変えてしまう。金を持った者は、その金を失くしはしないか、騙《だま》し取られはしないかと不安になる。金には力があり、金を持った者は良いことができるようになると感じる。同時に、金のせいで、全くの善意からしたことなのに面倒に巻き込まれることだって起きる。

　おぬしは、動物の言葉が分かるニネヴェの農民の話を聞いたことはあるかね。おそらくないだろうよ。おぬしの働いている鍛冶場で聞けるような話じゃないからな。ここでおぬしにその話をしてやろう。そうすれば、金を貸し借りするということは、金を持っている人間の手から別の手に移るような単純なことではないことが分かるだろうからな。

　ニネヴェのこの農民は動物たちのしゃべる言葉が理解できたので、そのおしゃべりを聞くため毎晩農場に居残っていた。ある晩、牡牛が自分の境遇がいかにつらいかを驢《ろ》馬《ば》にこぼしているのが聞こえた。

『俺は朝から晩まで汗水たらして鋤《すき》を引っ張ってるんだぜ。どんなに暑い日でも、どんなに脚がくたびれていても、どんなに首輪がすれて痛くても働かなくちゃならないんだ。ところがおまえさんはいい身分だな。きれいな色の毛布で着飾って、ご主人が乗せて行けと言うところへ乗せて行くだけでいいじゃないか。ご主人がどこへも出かけなければ、一日中ただ休んで青草を食べていられるんだからな』

これを聞かされた驢馬は多少狂暴だったが、気はいいやつだったので、牡牛に同情してしまった。

『牡牛君、君はひどく働かされていてかわいそうだから、ぼくが少し楽にしてあげよう。一日休みを取る方法を教えてあげるよ。朝になって奴隷が連れ出しに来たら、地べたに寝そべって大きな唸り声をあげるんだ。そうしたら奴隷は、君が病気で仕事はできないとご主人に報告するだろう』

翌朝、牡牛は驢馬に言われたとおりの行動を取った。奴隷は農民のところへ戻り、牡牛は病気で鋤は引けないと報告した。農民は奴隷にこう命じた。

『それなら驢馬を連れて行って鋤を引かせろ。鋤入れは続けなくてはならん』

こうして、ただただ友人を助けてやろうとした驢馬は一日中、牡牛の仕事をやらされる羽目になった。夜になって鋤から解放されると、心臓はどきどき、脚はくたくた、首輪のすれたところがひりひりした。

農民は中庭に居残って、再び驢馬と牡牛の会話に耳を傾けた。まず牡牛が言った。

『おまえさんは本当にいい友達だ。言われたとおりにしたおかげで一日中ゆっくり休めたよ』

驢馬は言い返した。

『こっちはただ友達を助けるつもりでやったのに、相手の仕事をまるまる引き受ける羽目になっちゃったよ。牡牛君、これからは鋤は自分で引いておくれ。さっきご主人が奴隷に言ってたよ。今度牡牛が病気になったら肉屋へ売ってしまえってね。そうなっても知らないよ、君は怠け者なんだから』

それからは二人とも口をきかなくなった——この事件で二頭の友情は終わってしまったからだ。

さてロダン、この話の教訓が何なのか分かるかね」

「いい話だけど、どういう意味があるのかは分からんね」

「そう答えるだろうと思ったよ。だが簡単なことさ。友人を助けたいと思ったら、相手の負担が自分の肩にかからないようにやるということさ」

「そうか、それは思いつかなかったな。確かに分別のある話だ。私だって妹の旦那の負担をしょい込みたいとは思わない。だけど教えてくれ、あんたは商売で人に金を貸してるじゃないか。借りた連中は金を返さないのかい」

メイソンが浮かべた笑みは、豊富な経験を積んだ人物のものだった。

「借りた連中が返済できないというのなら、金貸しは成り立たないじゃないか。金を貸すほうは、貸した金が借りた人間にとって十分役に立ち、きっちり戻ってくるように分別を働かせ、慎重に貸さなくてはならない。さもなければ、金をうまく使うことができない人間に無駄遣いされ、貸したほうは大事な財産を失い、借りたほうにも返せないほどの借金が残るということになってしまわないかね。おぬしにこの店の担保箱を見せてやるとしよう。担保を見ればいろいろなことが分かるだろうからな」

メイソンは腕を広げた長さほどの箱を一つ持ってこさせた。赤い豚のなめし革で覆い、青銅の意匠で装飾されている。メイソンは箱を床に置き、その前にしゃがむと両手を蓋に置いた。

「金を貸した人間一人ひとりから、私は担保を取ってこの箱に入れている。借金が返済されるまで担保はこの中に入ったままだが、返済されると返している。しかしついに返済がないままここに残った品物を見るとき、私の信用を裏切った人たちのことを必ず思い出すんだ。

この担保箱が教えてくれたことだが、一番の安全策は、借りたい額よりも価値の多い財産を持っている人間に貸すことだ。土地や建物、あるいは宝石や駱駝などの持ち物、それらの財産を売って借金を返せるだけの能力がある人間にだな。担保の中には貸した金よりも価値のある宝石もある。契約どおりに返済できない場合、財産の一部を渡すという約束もある。そういう債務であれば、貸した金に利子が上乗せされて返ってくることは確実だ。財産を担保として金を貸すというわけだ。

金を稼ぐ能力がある人に対しては、また別の担保がある。おぬしのように自分で仕事をしたり、誰かに雇われたりして報酬を得ている人々に対してだ。こういう人たちには一定の収入があり、不運に見舞われさえしなければ、貸した金は当然払われるべき利子をつけて返すことは十分に可能だろう。この場合は〝人間の努力〟が担保というわけだ。

さらにいえば、財産もなければ金を稼ぐ能力もない人がいる。現実は厳しくて世の中に適応できない人間はいつの時代でもいるものだ。こういう人間に金を貸すと、たとえその返済額が一ペンス足りなかったとしても、この担保箱はこれからずっと私のしたことを非難することだろう。人間の誠実さを友人の誰かが保証しない限りはな」

メイソンは留め金をはずして蓋を開けた。ロダンは身を乗り出して中を覗き込んだ。箱の中身の一番上に、真紅の布の上に載せられた青銅の首飾りがあった。メイソンは首飾りを取り上げて、大切そうに撫でた。

「こいつは今後もずっとこの担保箱の中にしまわれていることだろう。持ち主は永遠の闇の世界に行ってしまったのでね。この首飾りを見ると、なつかしさが募るよ。持ち主との想い出も尽きない。私のいい友人だったからな。

我々の取り引きは実にうまくいっていた。ところがある日、その友人が東方から女を連れて来て結婚したんだ。美しい女だったが、バビロンの女たちとは違っていた。まばゆいばかりの美女だったよ。あの男は女房のご機嫌を取るのに湯水のように金を使った。金を使い果たすと、悲しそうな顔をして私のところへやって来た。

私は相談にのった。力を貸すから、女房のわがままを少しは抑えるようさとした。彼は偉大なる牡牛のサインにかけてそうすることを誓った。ところがそうはならなかったんだ。あるとき、夫婦喧嘩があって、女房があの男の胸にナイフを突き刺したんだ。刺せるものなら刺してみろ、と彼が突き出した胸にな」

「で、その女はどうなったんだ?」

ロダンが尋ねると、メイソンは真紅の布を取り上げてあとを続けた。

「女はひどく後悔してユーフラテス川に身を投げたよ。そう、この布と首飾りはもちろん、その女のものだった。だからこの二つの債権が返済されることはないよ。これを見るとな、ロダン、大きな感情の発作にさらされる人間は、金貸しにとっては安全な客ではない、ということを教えてくれるのさ」

次にメイソンは、牡牛の骨を刻んだ指輪を取り上げた。

「ほれ、これはまた違う話だ。この指輪はある農場主のものだ。私はこの男の農場にいる女たちが作る敷物を買っている。蝗《いなご》が来て、食べ物がなくなり、そのとき私が助けてやったのが縁でな。次の収穫が終わったとき、この男は貸した金を返済してくれた。その後、この男はまたやって来て、ある旅人から聞いた遠い国にいるめずらしい山羊《やぎ》の話をしたんだ。その山羊は長くて丈夫で柔らかい毛をまとっているので、それで敷物を織ると、バビロン中の誰もが今まで見たことのないような美しいものができる。

男はこの山羊をぜひとも一群れ欲しかったが、金がない。そこで私が金を貸してやり、男は山羊をつかまえに出かけて行き、うまく連れて戻った。今、その群れは大きくなり始めたところで、来年にはバビロンのお偉方に、これまで購入した最高級の敷物として提供できることだろう。だからもうすぐこの指輪は返さなくてはならない。その男はすぐにでも返済すると言い張っているからな」

「金を借りた人間の中には、すぐに返済する者もいるのだね」

「借り手が担保にしたものを取り戻すことを前提にして借りた場合には、皆そうするようだな。だが、軽はずみな失敗のために金を借りたがる人間が相手の場合、貸した金をしっかりと取り戻したかったら慎重になったほうがいいぞ」

「これにはどんな話があるのかね」

　ロダンは宝石が埋め込まれたデザインの、ずしりと重い金のブレスレットを取り上げた。メイソンが冷やかしながらロダンに言った。

「おぬしは女性が好きだったね」

「ああ、私はまだあんたよりはずっと若いんだぜ」

「それはそうだな。ただ、残念ながらこの腕輪の持ち主は太って皺《しわ》だらけの女さ。何かロマンスがあるんじゃないかと疑ったところで何もないから、期待しないほうがいい。大変なおしゃべりで、それも話の内容が実にくだらないので、こちらとしては気が狂いそうになる相手さ。

　以前はたんまり金を持っていて、いいお得意だった。ところが運命の歯車が狂ってしまったんだ。この女には息子がいて、一人前の商人に育てようとしていた。そこで私から金を借りて、息子がある隊商の共同出資者になれるようにしようとした。その共同出資者の相手というのは、駱駝を率いて街から街へと旅しながら、片方で買ったものをもう一方で売って歩く男だったんだ。

　だが、この男というのが実はならず者で、かわいそうに当の息子から金を奪い、知り合いもいない遠くの街に放り出してしまったんだ。若者が眠っている間にずらかってしまったのさ。その若者が一人前の男になれば、返済してくれるかもしれない。だが、それまでは貸した金に対して利息はつかん。ただ彼女のおしゃべりを聞かされるばかりだ。もっともこの宝石は、貸した金に見合うものではあるがね」

「そのご婦人というのは、金を借りるときあんたの意見を求めたのかね」

「まるで反対だよ。あの女は自分の息子というのが、バビロンでも裕福で有力な市民だと思い描いていたのさ。『それは違う』とほのめかしでもしようものなら、かんかんになって怒るのさ。私などは彼女にさんざん怒られたものさ。この若者は経験不足だから危ないとは分かっていたが、母親が担保を出した以上、断わるわけにはいかなかった」

次にメイソンは担保箱から荷作り用の特殊なロープを取り出し、振り回しながら話し始めた。

「これは駱駝商人ネブターのものだ。手持ちの資金では買えないほど大きな群れを買うときにネブターはこのロープを持ってくる。そうすると私も必要に応じて資金を貸すんだ。彼は分別のある商人だよ。ネブターの判断はいつも正しいと信頼しているから、いくらでも貸せる。

バビロンにはほかにも、誠実ゆえに信用できる商人が大勢いる。そういう人たちの担保はこの箱からしょっちゅう出たり入ったりしている。優れた商人は我々の街にとっては財産だし、立派な商人たちが商売を続けているからこそバビロンは繁栄しているんだし、彼らを助けるのは私の利益にもなるからね」

さらにメイソンはトルコ石製の甲虫の彫刻を取り上げ、さも軽蔑したかのように床に放り投げた。

「エジプト産の虫だ。こいつの持ち主は、私が金を取り戻せなくなろうがどうしようが、いっこうに気にしていない、いやな若造さ。私が咎《とが》めると、反論してこう言ったものだ。

『悪運につきまとわれてるんですから、どうやって返せるというんですか。あなたにはまだまだたくさん金があるでしょう』

こう言われて私に何ができる。この担保はその父親のものだ。小金を持っていた善良な男で、息子の事業を応援するのに自分の土地と家畜を質に入れてきた。若者は初めは成功したんだが、やがてもっと大きな財産を作りたいと先を急ぎすぎたんだ。まだ知識も経験も追いついていなかったから、その事業は崩壊した。

若いときは野心的になる。富や富が象徴するものを近道をして手に入れようとしたがる。短期間で金持ちになろうとして、浅はかな金の借り方をする。経験がないものだから、返すあてのない借金は深い穴に落ちたように返済に難儀することになる。落ちるときはあっという間だが、そこからはい上がるのに何年ももがくことになるということがまだ実感できないんだ。そこは哀しみと後悔の穴で、太陽の光も射さず、夜は眠れずにみじめな想いに満たされる。もっとも、金を借りるのをやめろと言っているんではないよ。むしろ金は借りたほうがいい。分別のある目的のためならどんどん借りるべきだ。私自身、商人として初めて本当に成功したのは、借りた金のおかげだったんだからな。

しかしこういう人間が相手の場合、金貸しはどうすべきだろうね。若者は何もやりとげることができずにやけになっている。自信を失っていて、借金を返そうという素振りすら見せない。私だって内心は、この若者の父親からその土地と家畜を取り上げるのはいやだよ」

ロダンは思い切って口を挟んだ。

「興味深い話をずいぶん聴かせてもらった。でもまだ肝心な質問に答えてもらってはいないよ。この五十枚の金貨を妹の旦那に貸してやるべきかどうかの結論をね。あの二人は俺にとっては大事な人たちなんだ」

「おぬしの妹御は信用のおけるご婦人で、私は高く評価している。その旦那が私のところへ来て金貨五十枚を貸してほしいと言えば、私はまずそれを何に使うのかを尋ねるね。

　そのとき、宝石や高価な家具を扱う商人になりたいと思っていると答えたとしよう。私ならばさらにこう訊くね。

『商売のやり方をあなたはどれくらいわきまえているか、お尋ねします。どこへ行けば一番安く品物を買えるのか、あなたは知っていますか。どこへ行けば適当な値段で売れるのかご存じですか』

　その旦那はこう訊かれて、〝大丈夫〟と答えられるかね」

「いや、答えられないだろうな。あれは槍作りではずいぶん手伝ってくれているし、店の手伝いもしているが、商売のことは詳しく知らんだろう」

「であれば、その目的は適当ではないと言ってやるだろうな。商人は自分の商売を身につけなければならない。その野心たるや立派なものだが、現実的ではない。私なら一銭も貸しはしないだろう。しかし彼が、私の質問にこう答えたとしよう。

『そうです、私は商人の助手としてよく務めてきています。スミルナまで行って、その主婦たちが織る敷物を安い値段で買ってくるルートも知っています。この敷物を売って大いに儲けを出せるような裕福な人々をバビロンでたくさん知っています』

その回答のあとで、私はこう答えるだろうな。

『あなたの目的は適切で、その志は尊重すべきものだ。あなたが担保を用意できるならば、喜んで金貨五十枚を貸そう。その担保は返済と交換にお返ししよう』

ところが相手はこう言うのだ。

『実をいうと、私には自分が誠実な人間であることと、十分な利息をお支払いするというお約束以外には担保はないのです』

それに対して私はこう答える。

『私は金貨一枚にいたるまで、とても大切にしている。あなたがスミルナへ行く途中、お貸しした金貨を強盗に奪われたり、あるいは帰りの旅で敷物を奪われでもすれば、あなたは返済の手段を失い、私の金貨は戻ってこないことになる』

いいか、ロダン、金貸しにとっては金が商品だ。金を貸すのは簡単だが、適切でない貸し方をすれば、取り戻すことは難しい。保証人がいたとしても、賢明な貸し手ならば、危ないときは引き受けたいとは思わない。欲しいのは確実な返済の保証なんだ。

問題を抱えて困っている人々に力を貸すのはまっとうなことだ。運命が重くのしかかっている人々を助けるのもまっとうなことだ。初めの一歩を踏み出したばかりで、これから成長し、市民として有益な存在となる可能性のある人々を援助するのもまっとうなことだ。しかし、手を差しのべるときには慎重にならなければいけない。さもないとさっきの驢馬の話ではないが、人を助けたいと願うあまり、本来他人が担うべき重荷が自分の肩にかかってきてしまうからだ。

またおぬしの質問からは脱線してしまったな、ロダン。よし、答えよう。その金貨五十枚は持っておけ。おぬしが自分で働いて稼いだものであり、おぬしが報酬として受け取ったものはおぬしのものであって、おぬしの意志に反してその金を手放すことは、何人にも強制はできん。その金を貸してもっと金貨を稼げるならば、分散して慎重に貸すことだ。金貨が眠ったまま何もせずに怠けているのは見たくないし、危険が大きすぎるのはもっと嫌いだ。

ところでおぬし、槍作りとして何年くらい働いている」

「もう三年になる」

「陛下からの贈り物を除いて、今までの貯金はどのくらいある」

「金貨三枚」

「毎年、稼ぎのうちから金貨一枚貯めるのに、欲しいものも我慢してきたのか」

「そのとおりだ」

「では、その禁欲を続けて金貨五十枚を貯めようと思えば、五十年働けばいいことになるな」

「それでは一生働き続けることになる」

「五十年働いて貯めたものを、おぬしの妹御の夫が商人になれるかどうか実験するために、青銅の坩堝《るつぼ》に入れて溶かしてしまうことにすると考えてみたらどうかね」

「そんなふうに考えれば、とても貸せないな」

「だったら妹御のところへ行って、こう言いたまえ。

『自分は三年間、断食日を除いて毎日朝から晩まで働いてきたし、欲しいと思ったものを我慢したことも何度もある。毎年毎年、金貨一枚を貯めるために働いて倹約してきたのだ。おまえは大事な妹だし、おまえの夫には事業を始めて大成功してほしいと思う。だから、夫に計画を出させなさい。それを友人のメイソンに見せて、適切な計画で可能性があると判断されたら、丸まる一年分の貯金を貸すことにはやぶさかではない。そうなれば、おまえの夫は成功する能力があることを証明するチャンスが与えられるわけだ』

そう言ってごらん。妹御の旦那に成功するだけの素質があれば、計画くらいちゃんと示せるはずだ。たとえ失敗するとしても、おぬしへの借金はいつの日か返済できると思えるだけの額ですむのだからね。

　私が金貸しという商売をやっているのは、本来の商売だけでは使い切れない金を持っているからだ。余分に持っている金が他人のために働いて、その結果さらに金を稼ぐというのは望ましいことだ。しかし、自分の金を失う危険性は背負いたくはない。金を確保するのに私だって懸命に働いてきたし、我慢していることもたくさんあるからだ。だから、安全に確実に戻ってくるという自信が持てないところへは金は貸さないことにしている。貸した金が稼いでくれたものに対して迅速に支払われないところへも貸さないようにしているよ。

　ロダン、この担保箱にまつわる話の感想はどうだい。その話から人間の弱さ、返済するあてもない金を借りたがる人間の本質が見えてくるだろう。彼らが主張する〝金さえあれば大いに儲けることができる〟という望みは単なる高望みであって、彼らはそれを実現するだけの能力もなく、訓練も受けていない。そういった実例がいかに多いかよく分かるだろう。

　ロダン、おぬしが今手に入れた金貨には、さらに稼がせなければいけない。それだけあればおぬしは私のように金貸しにさえなれるだろう。手に入れたその宝をしっかりと守れば、その金はたっぷりと稼いでくれて、これからの一生大いに喜びをもたらし、利益を生んでくれるはずだ。しかし、その宝が逃げてゆくのをそのままにしてしまえば、記憶の続く限りいつも哀しみと後悔の種となるだろう。その財布の中の金貨を、おぬしはまず何よりもどうしたいかね」

「このまま取っておきたい」

メイソンは満足げに、うなずいた。

「賢明な考えだな。おぬしはまず安全第一を望んでいる。その金をおぬしの妹御の旦那が管理することになれば、それは本当に安全と言えるかね」

「安全とは言えないだろうな。あの男は金を守るのは得意ではない」

「だったらその虎の子の財産を誰かに任せようなどという馬鹿げた感傷論に惑わされないことだ。家族や友人を助けようというのなら、貴重な財産を失うような危険を冒さない、ほかの方法を探すのだ。

金というものは、それを守ることに長《た》けていないと思いもかけない形で消えてしまう、ということを忘れてはいけない。自分の贅沢のために浪費してしまうだけでなく、代わりに他人が使ってしまうこともあるのだ。安全を確保したうえで、次にこの虎の子の金をどうしたいのだね」

「その金にはもっと稼いでもらいたい」

「それもまた賢明な考えだ。金はさらに金を生み出すようにし、大きく増やさなければならない。うまく運用すれば、金はおぬしのような人間が老人になるよりも早く、倍にもなり得る。ただし、危険を冒すということは、その金が稼ぐはずのものばかりでなく、元金もすべて失う危険を冒すことでもあるのだ。

ありえないような莫大な金の稼ぎ方をとうとうと述べるような人間の、夢みたいな計画に惑わされてはいけない。そういう計画は、安全で頼りになる商売の法則を十分身につけていない夢想家がひねり出したものだ。

おぬしの財産を守り、その恩恵をこうむるように金を稼ぐには、保守的になることだ。大きな収益が上がるからという理由で金を貸すことは、わざわざ損失を招くようなものだ。

すでに成功者として認められているような人間と自分の事業とが関係を持つように努めれば、おぬしの財産はそうした人々の熟練した技術で豊富な収益を生むだろうし、その知恵や経験によって安全に守られるだろう。

たいていの場合、託するに値すると神々から目された人だけが、災難を避けることができるのだよ」

ロダンが賢明な忠告に対して礼を言うと、メイソンはそれには耳も貸さずに続けた。

「陛下からの贈り物のおかげで、おぬしはたくさんのことを学ぶことになるだろう。五十枚の金貨を守ろうとするだけで、おぬしはかなり慎重にならなければならないだろうな。その使いみちとしていろいろな誘惑がくるぞ。忠告をしてくれる人間もたくさん来るだろう。大きな収益を上げられるチャンスだという話も無数にやって来るに違いない。

だが、私の担保箱の話からそういうものには免疫ができたはずだ。財布から金貨一枚でも出す前に、安全で確実に取り戻せるようにしておくことだ。もっと私から忠告が欲しいと思うときは、また来たまえ。いつでも相談にのるよ。

ロダン、帰る前に担保箱の蓋の裏に刻みつけておいたこの言葉を読んでみたまえ。これは借り手にも貸し手にも当てはまることだからな」

そこにはこう刻まれていた。

――より慎重な選択こそが、大きな後悔から身を救う。

（第五話　了）

第六話

「強固な城壁」は、人々を恐怖や不安から守ってくれる

——老戦士バンザルの確固たる自信

老戦士バンザルは、古くからあるバビロン城壁上部へとつながる場所に立ち、敵からの攻撃に備えていた。頭上では勇敢な守備兵たちが、壁を守って闘っている。その兵士たちの双肩には、何十万もの住民を抱えるこの偉大な都市の存続がかかっていた(訳者注・城壁などについては、一二四八ページ以降の記述を参照)。

城壁越しに、攻撃している軍勢の轟音《ごうおん》が響いてくる。大勢の人間のわめき声、何千という馬の蹄《ひづめ》の轟き、青銅製の門を打ち叩く破城鎚《つち》の轟音。

門の後ろ側には槍兵たちが集まっている。もしも門が破られた場合に備え、入口を死守するために待機しているのだ。しかし、万一の任務のためにしては数が少なすぎた。

実は、バビロンの軍隊の大半は王に従い、はるか東方への大遠征に出かけていたのだ。王とその軍隊が留守の間、この都市に攻撃がしかけられようとは予想だにしていなかったため、守備隊がごくわずかしか残っていなかったところに、北方から思いもかけず、アッシリア人の圧倒的な軍勢が急襲してきたのだ。こうなった以上、城壁には持ちこたえてもらわなければならない。さもなければバビロンは滅びてしまう。

老戦士バンザルの周りには、不安のあまり顔面蒼白になった大勢の市民が詰めかけていた。その場所から負傷者や死者が途切れることなく運び出されてゆくのを、市民たちは息を殺し見つめている。

今、攻撃は決定的な段階を迎えていた。三日間この都市を囲んだあと、敵は突如、城壁の入口部分と門に集中して、総攻撃をしかけてきたのだ。

城壁を攻め落とすためのはしごを登ってくる敵軍に対して、味方の守備隊は城壁の上から矢と火をつけた油で押し返し、城壁に取り付いた敵に対して槍で闘っている。その守備兵たちに対しては、敵の弓矢兵が恐るべき矢の雨を降らせていた。

老バンザルは戦況を知るには格好の場所にいた。敵が押し戻されて逆上しているのを見るたびに、最前線の一番近くにいることを知らされる。

一人の老いた商人が目の前に顔を突き出してきた。中風を病んだ両手は震えている。商人は額を地にすりつけんばかりだ。

「頼む、頼みます。敵は城壁内に入って来ないでしょうな。息子たちは国王陛下と一緒に出征してしまいました。老いた我が妻を守ってくれるものは誰ひとりおりません。

敵に侵略されてしまえば、店の商品は残らず略奪されるでしょう。食糧もすべて持っていかれてしまうでしょう。私らは年を取りすぎて、自分の身を守ることすらできません。奴隷にされるにしても年を取りすぎております。私どもは飢え果てて死んでしまいます。お願いです、どうか敵が入って来られんようにしてくだされ」

バンザルは答えた。

「落ち着きなされ、ご老人。バビロンの城壁は強力です。バザールに戻って奥方に言っておやりなされ、城壁のおかげで、あなたもあなたの財産もみんな守られます、とね。城壁から離れんようになさるがよい。流れ矢が当たるかもしれんからな」

老人が引っ込むと、入れ替わりに両腕に赤ん坊を抱いた女が前に出て来た。

「戦況について何か報告はありませんか。本当のことを言ってください。夫を何とか安心させてやりたいんです。夫はひどい怪我がもとで熱を出して苦しんでいます。それでも鎧と槍で、子供を抱えた私を守ると言い張って聞かないのです。夫は、一度敵が城壁内に入ってしまえば、恐ろしいことになると言うのです」

「気持ちを確かに持つのじゃ。子供さんには優しくな。バビロンの城壁はそなたのこともその赤ん坊もきっと守ってくれる。この城壁は高いし頑丈なのだ。ほれ、我らが守備隊の雄叫《おたけ》びが聞こえるじゃろ。ちょうど火のついた油を敵の攻城はしごの上にぶちまけてやったのじゃ」

「ええ、聞こえます。でも、城壁の門を打ち叩いている破城鎚の轟音も聞こえてきます」

「ご主人のところへ戻るがいい。ご主人には、城門は頑丈で、破城鎚には耐えられると言っておやり。それに敵が城壁をよじ登ってきても、そこには槍が待ち構えておる。さあ、足元に気をつけて、あそこの建物の陰に急いで隠れるんじゃ」

バンザルは脇へ退いて、重装備をした増援部隊が通れるように道を開けた。青銅製の楯を鳴らし、重々しく足音を響かせて一隊が通り過ぎると、幼い少女がバンザルのベルトを引っ張った。

「ねえ兵隊さん、あたしたち大丈夫なの？　すごい音が聞こえるし、血だらけの人をたくさん見たわ。とても恐いの。あたしのお母さんや小さな弟たちや赤ちゃん、どうなっちゃうの」

バンザルは目を瞬《しばたた》かせ、顎《あご》を突き出して子供を見つめた。

「恐がることはないよ、お嬢ちゃん。バビロンの城壁はそなたもお母さんも小さな弟たちも赤ちゃんも、みんな守ってくれる。そなたたちを安全に守るために、セミラミス女王が百年も前にこの城壁を造ったんだよ。それ以来破られたことはない。さあ、おうちに帰って、お母さんと弟たちと赤ちゃんに、バビロンの城壁はみんなを守ってくれるから、恐がらなくてもいいと言っておやり」

来る日も来る日もバンザルは自分の持ち場に立ち、増援の兵士たちが道を駆けて行くのを見守った。兵士たちはそこで闘い続け、再び降りて来るときは負傷するか死んだかしたときだけだった。バンザルの周りには怯えた市民たちが集まって、押し合いへし合い、城壁が持ちこたえるかどうかを知りたがった。バンザルは誰に訊かれても、老戦士の持つ落ち着き払った平静さで、「バビロンの城壁は、みんなを守ってくれる」と答えていた。

三週間と五日の間、攻撃はほとんど休む間もなく続けられた。バンザルの頰はだんだんとこけ、表情は険しくなっていった。城壁内側の昇降路は、多くの負傷者の血でぬるぬるし、ひっきりなしに男たちが城壁を登って行ってはよろよろと降りて来るので、ぬかるみになっていた。毎日、敵兵の死体は外の城壁の前に山と積み重なった。埋葬するため、夜になると仲間がその死体を運び去って行った。

四週間めに入って五日経ったとき、外の叫び声がだんだん小さくなった。夜明けの光が射して平原が見渡せるようになると、退却して行く敵軍の立てる大きな砂煙が見えた。

守備隊から大きな叫び声が湧きあがった。その光景は夢ではなかった。雄叫びは城壁の背後で待機していた部隊からもあがった。それに応えて、街路にいた市民たちも大声で歓声をあげた。嵐が駆け抜けるように、叫び声は全市に広がっていった。

人々は家から飛び出した。もみ合う群衆で街路はあふれ、何週間も抑えつけられてきた鬱憤《うっぷん》が、喜びの合唱となってはじけた。ベル神殿の高い塔からは勝利の花火が打ち上げられた。空に向かって青い狼煙《のろし》も立ち昇り、遠く広くこの勝利を伝えた。

バビロンの城壁はまたもや持ちこたえた。その豊かな財宝を奪い住民たちを奴隷にしようとやって来た、強大で無慈悲な敵を撃退したのだ。


バビロンが何世紀も持ちこたえたのは、城壁が「完全に守られていた」からである。そうでなければ、バビロンといえども何世紀もの間、存続し続けられなかっただろう。

バビロンの城壁は、自らを守ろうとする人間の必要性と欲求の表われとして、際立ったものである。この欲求は人類が先天的に備えているもので、今日においても優りこそすれ、衰えてはいない。しかも私たちは、「自らを守るという目的」を達成するために、生活のより広い部分をも守ってくれる優れた方法を知っている。

それは「保険」であり、「貯蓄」であり、「信頼できる投資」などの〝強固な城壁〟

となるものである。思いがけない悲劇が私たちの家に入り込み、腰を据えてしまわないよう、自らを守り、安心を与えてくれるものである。

――安心なくしては、我々は生きられない。

（第六話　了）

栄養学の金字塔
合本版、登場！

●全米を震撼させた歓迎されざる、大ベストセラー！ あらゆる生活習慣病を改善する、人類救世の名著。

チャイナ・スタディー
葬られた「第二のマクガバン報告」 合本版

T・コリン・キャンベル、トーマス・M・キャンベル／著
松田麻美子／訳

学研究のグランプリ」と『ニューヨーク・
イムズ』紙が絶賛した史上空前の大調査
とに、『栄養学のアインシュタイン』と称
る世界的権威が下した衝撃の結論――
は治せる！

ソフト上製／812ページ
000円＋税
-901423-20-5

自己を振り返り、社会を見つめ直す
グスコー出版の本

●現代にも通用する大富豪たちの成功の秘密とは!?

文庫版 バビロンの大富豪
「繁栄と富と幸福」はいかにして築かれるのか

ジョージ・S・クレイソン／著
大島 豊／訳

アメリカで70年以上前に発表され、今なお多くの人々に読まれ続けている名作。「富とは、手に入れるための単純な法則を理解し、それを守りさえすれば、いくらでも手にすることができる」と断言。人生の指針と勇気を与えてくれる「黄金の知恵」と胸躍るストーリー！

文庫版で読む、ベストセラー！

文庫版並製／256ページ
本体750円+税
978-4-901423-27-4

●単行本も発売中!
四六版上製／256ページ
本体1，500円+税
978-4-901423-12-0

グスコー出版

〒140-0014 東京都品川区大井1-23-7-4F
販売：Tel 03-5743-6782 Fax 03-5743-6783
編集：Tel 03-5743-6781 Fax 03-5743-6783
https://www.gsco-publishing.jp

世界の名著！

●出版史上に輝く「健康栄養学」のバイブル。
全世界1300万部、突破！ 欧米の「食」を変えた、空前の超ベストセラー！

フィット・フォー・ライフ

健康長寿には「不滅の原則」があった！

ハーヴィー＆マリリン・ダイアモンド／著
松田麻美子／訳・補遺

「ニューヨーク・タイムズ」紙のベストセラー・リストで40週連続1位の快挙を達成、「風と共に去りぬ」「聖書」などとともに「パブリッシャー・ウィークリー」誌が「世界の名著・ベスト25」に選出した不朽の書。
「病気と健康と食べ物」に関するキーワードは、すべて本書のなかにあった!

四六版上製／560ページ
本体2,100円+税
978-4-901423-10-6

●名言を心に刻んで、毎日健康！

日めくり万年カレンダー
超健康革命 名言の教え 2

松田麻美子／監修
日本ナチュラル・ハイジーン普及協会／制作

松田麻美子先生主宰の「超健康革命の会」会報に掲載された「名言の教え」などから厳選された「三〇の名言」をカレンダー化。大好評の第2弾は、大きくなっての登場です。光沢のあるアートポスト紙使用なので丈夫で長持ち。

本体一二〇〇円+税。横一四六ミリ、縦二六六ミリ。
裏表印刷、全一七枚、上部リング付き、二色刷り。
978-4-901423-22-9

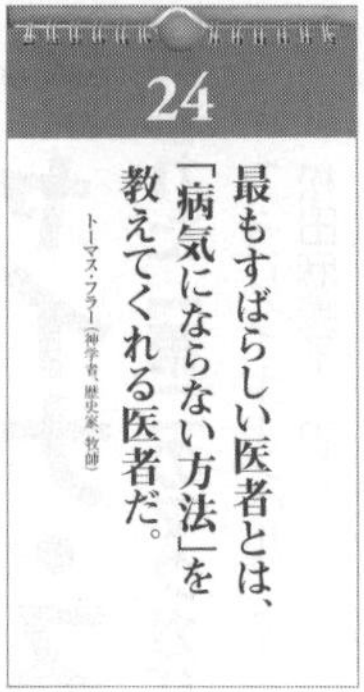

（内容見本）

超医食革[命]

『フォークス・オーバー・ナイ[ブズ]』

ジーン・ストーン／編 大島 豊／訳
松田麻美子／監修・特別寄稿

映画『アバター』のジェームス・キャメロン監督が絶賛した、全米大ヒット・ドキュメンタリー映画『フォークス・オーバー・ナイブズ』の衝撃！ ガン・心臓病・脳疾患・糖尿病などの驚くべき改善例と、私たち地球人がめざすべき「医療と食」の究極の姿がここにある。

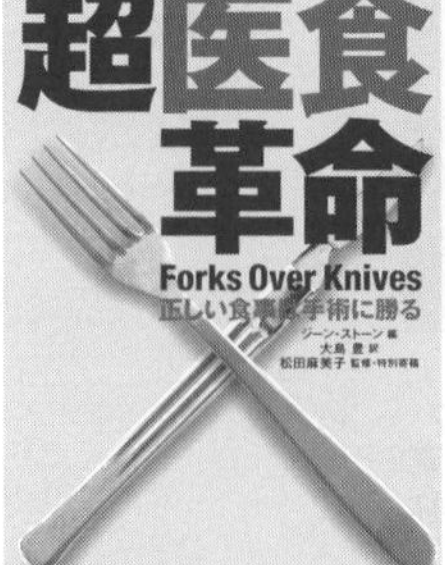

四六版並製／264ページ
本体1,300円+税
978-4-901423-18-2

「疫
タ
をも
され
ガン

四六版
本体3
978-

第七話

奴隷に成り下がっても、「人間としての誇り」を忘れなかった男

——元奴隷、富豪の駱駝商人ダバシアの数奇な体験

空腹になればなるほど、人の感性は鋭敏になる。そしてまた、食べ物の匂いにも敏感になる。

タルカドは、その言葉は当たっていると思った。まる二日の間、口に入れた食べ物といえば、よその家の塀越しにくすねた小さな無花果《いちじく》二つだけだった。三つめを摑もうとしたとき、女が怒りながら飛び出して来て、逃げるタルカドのあとを追いかけて来た。市場を抜けてもまだ女の金切り声は耳の中で響いていた。そのおかげで、市場で買い物をしている女の籠から果物をひったくろうとしている自分の手を押さえつけておくことができた。

バビロンの市場には、どれほど大量の食べ物が運び込まれていて、それがどんなにいい匂いを漂わせているものなのか、これまではまるで分からなかった。

タルカドは市場から広場を通って宿へと向かい、その途中の食堂の前で立ち止まり、その前で往ったり来たりを繰り返していた。誰か知っている人間に会わないとも限らない。銅貨一枚貸してくれる人間がいないとも限らない。銅貨さえあれば、無愛想な宿のおやじににっこりしてもらうことができるし、気前よく助けてももらえるのだ。銅貨がなければ、どういう歓迎を受けるかは身に染みて分かっていた。

上の空でいたタルカドだったが、思いもかけず一番会いたくない人間にばったり出会ってしまった。背が高く細身の駱駝《らくだ》商人ダバシアだった。はした金を借りている友人知人の中でも、このダバシアに会うのは一番気まずかった。というのも、借金はすぐに返すと言った約束をタルカドが守っていなかったからだ。

タルカドを認めたダバシアの表情が、ぱっと明るくなった。

「いよう、これはタルカドじゃないか。ちょうどおぬしを探していたところだったんだよ。ひと月前に貸した銅貨二枚を返してもらえるんじゃないかと思ってな。その前に貸した銀貨一枚もあったしな。会えてよかったよ。貸していた金を今すぐ返してもらいたいんでね」

タルカドは口ごもり、顔は真っ赤になった。腹の中は空っぽで、遠慮なく大声で話しかけてくるダバシアと言い争う元気などとてもなかった。そして弱々しくつぶやいた。

「いや、全く、本当に申し訳ない。でも、今日はお支払いできる銅貨も銀貨も持ち合わせていないんです」

「だったら稼いでくるんだな。おぬしの父親の古い友人として、おぬしが困っているというので気前よく貸してやった銅貨や銀貨の二、三枚くらい、すぐに稼げるだろうが」

「ところが、最近全然つきが回ってこなくて、お返しできないんです」

「つきがないだと。自分の意志の弱さを神々のせいにしようというのかね。借りた金を返すことより、また借りることばかり考えている人間には、誰にだってつきなど回って来んわ。さあ一緒に来なさい。わしも腹が減ってきたんで、ひとつ食べながらわしの話を聞かせてやろう」

ダバシアの容赦のない言動にはたじろいだが、とにかくこれで入りたくて仕方がなかった食堂に大手を振って入ることができるのだ。ダバシアはタルカドを食堂の一番奥の隅に連れて行き、小さな敷物の上に一緒に座り込んだ。

店のおやじのカウスカーがにこにこして現われると、ダバシアはいつものように無遠慮に告げた。

「おやじ、山羊《やぎ》の脚を一本頼む。たっぷりとタレをかけてほどよく焦がしてくれ。それからパンと野菜もだ。今日は腹が減っておるから、いくらでも食べられるぞ。そうそう、ここにいる御仁も忘れるな。水を一杯頼んだぞ。よく冷やした水だ、今日は暑いからな」

　ダバシアが一人で山羊の脚を一本まるまる食べるのを目の前にしながら、ここに座って水しか飲めないのかと思うと、タルカドはがっかりした。しかし彼は何も言えなかった。言うべきことなどとても思いつけなかったのだ。

　ダバシアのほうはといえば、沈黙などという言葉とは無縁のように、知り合いの客たちに笑顔で挨拶してから、身振りを入れながら上機嫌で話を始めた。

「ウルファから帰って来たばかりの人間から聞いた話だが、どこぞの金持ちが特製の石板、向こう側が見えるくらいに薄く削らせた石板を一枚持っているんだそうだ。そいつはその石板を窓にはめて、雨が入らないようにしているらしい。その板は黄色がかっているそうで、家の中からその石板越しに外を見ると、妙な感じで実際の風景とは違って見えるというのだ。どうだ、タルカド。この世の色が実際の色と違って見えるなんてことがあると思うか」

「たぶん……」

　タルカドは答えたが、その質問よりも、ダバシアの前に置かれた太った山羊の片脚にずっと注意をひきつけられていた。

「わしにはそれが真実だと分かるのだ。というのも、わし自身かつてこの世を実際とは違った〝色付きの石〟を通して見ておったからだ。これからおぬしに話すのは、わしがどうやってまともな色でこの世を見られるようになったかということだ」

「ダバシアが話を始めたぞ」

近くで食事していた客がその隣の客にささやくと、自分の敷物をダバシアの近くに引き寄せた。ほかの客たちも食べ物を持って集まり、半円形に取り囲んだ。客たちのむしゃむしゃ食べる音がタルカドの耳に響き、肉のついた骨が体をかすめた。食べ物を食べていないのはタルカドだけだった。ダバシアは食べ物を分けてくれようとはせず、皿から床にこぼれた固いパンの小さな欠片《かけら》さえ手にするなという気配だった。ダバシアは一息ついて山羊の脚の肉を大きく一口食いちぎった。

「これから話すのはわしの若い頃のことで、どうやって駱駝商人になったかという話だ。昔、わしがシリアで奴隷だったことを知ってる者はいるかな」

聴衆の間から驚きの声があがり、ダバシアはそれを聞いて満足そうだった。ダバシアはもう一度、山羊の脚に猛然とかぶりついてから話を始めた。

「若い頃、わしは父親の商売である鞍《くら》作りを習った。父親の店で一緒に仕事をし、妻もめとった。しかし、まだ若く熟練に達していなかったので、稼ぎはほんの少しで、愛する妻をささやかな形で支えるのがやっとだった。当時わしは自分では買えない高級品が欲しくてたまらなんだ。やがてわしは、その場では金を払えなくともあとで払えばいいという〝信用買い〟というものがあることを知った。

若くて経験もなく、稼ぐよりも使うほうが多い人間は、不必要なものを際限なく買ってしまうものだ。そのせいで、あとになって必ず面倒を背負い込み、屈辱を浴びることになるのだが、若いときはまだそのことが分からないのだ。わしは高級な服が欲しいとき、あるいは妻に贅沢品を与えてやりたいとき、収入以上のものを好き放題に買っておった。

払えるときに払って、しばらくは何もかもうまくいっておった。が、そのうち自分の稼ぎでは、借金を返すことと生活をすることを両立させるのは無理なことに気がついた。法外な買い物の代金を取り立てようとする借金取りたちに追いかけられるようになって、わしの生活は急にみじめなものになった。友人たちから借金を重ねたが、そちらも全く返せなくなってしまった。状況はますますひどくなる一方だった。妻は実家に帰ってしまい、わしはバビロンを離れて、若者にもチャンスがあるようなほかの街を探すことにした。

それから二年間、わしはキャラバンを組む商人たちのところで働きながら、根無し草の生活から抜け出せなかった。そんな折、わしは荒稼ぎしていた強盗の一団に出会った。こいつらは丸腰の隊商を探して砂漠を流していたのだ。わしは強盗の仲間に加わった。そんな振る舞いは父親に顔向けできるものではないが、わしは〝色付きの石〟を通して世の中を見ていたため、自分がいかに堕落したか分かっていなかったのだ。

わしらは最初の遠征で上首尾をおさめた。金や絹、そのほか貴重な商品をひと山手に入れた。これらの戦利品はギニルという街に持って行って売り払い、金を手にした。しかし二度めはうまくいかなかった。ちょうどキャラバンを捕まえたところへ、辺り一帯の族長の槍兵たちが襲って来たのだ。この族長はキャラバンから頼まれて、護衛に雇われていたのだ。わしら強盗の二人のリーダーは殺され、わしを含めた残りの仲間はダマスカスへ連れて行かれた。そこで裸に剥《む》かれて奴隷として売られたのだ。

わしを買ったのはシリアの砂漠に住む族長の一人だった。髪を刈り込まれ、着るものといえばライオンの皮一枚だけ。奴隷たちは皆、ほとんど同じ格好だった。わしは向こう見ずな若者だったから、これも冒険の一つくらいに考えておった。ところが、主人はわしをその四人の妻のところへ連れて行き、彼女らに向かって「この奴隷を宦《かん》官《がん》にしてもよいぞ」と告げたのだ。

そこでようやく、わしは自分の置かれた状況がどれほど救いようのないものか思い知らされたのだ。シリアの砂漠の民は獰猛《どうもう》で好戦的だ。わしは武器も逃げる手段もなく、彼らの思うがままだった。

びくびくしながら立っていると、四人の女はわしを品定めし始めた。この女たちが、わしのことを哀れと思ってくれないか、と願ったものだ。正妻のサイラはほかの三人よりも年長だった。わしを見るその顔は無表情だった。たいして慰めも得られないまま、わしはサイラから次に目を移した。二番目の妻は人を見下したような冷たい美人で、わしのことを虫でも見るかのような無関心な様子で眺めていた。もう少し若い残りの二人の妻たちは、わしを面白い冗談の対象か何かのようにくすくす笑っておった。

判決を待って立っている時間は、永遠に続くのかと思えるほど長く感じた。どの女もわしの処遇をほかの者にまかせたがっているようだったが、ついに正妻のサイラが冷たい声で言った。

『宦官ならたくさんいますけど、駱駝の世話をする者は数も少ないですし、役に立たない者ばかりです。今日も私は熱病で臥《ふ》せっている母を見舞いに行こうと思っていますが、安心して駱駝の轡《くつわ》を取らせられる奴隷が一人もおりません。ご主人様、この奴隷に駱駝を引けるかどうかお尋ねになってくださいませんか』

そこで主人はわしに尋ねた。わしは喜びを必死に隠しながら答えた。

『駱駝をひざまずかせることも荷物を積ませることもできますし、私自身が長い間引っ張って歩かせることもできます。そのうえ必要とあれば、駱駝の飾りを直すこともできます』

『この奴隷はずいぶん生意気にしゃべるな。まあよい。サイラ、おまえが望むのなら、こいつはおまえの駱駝の世話係にせい』

そこでわしはサイラに引き渡されると、その日から早速、彼女を駱駝に乗せ病気の母親のところまで遠出した。わしはその際にサイラのとりなしに礼を述べ、わしが生まれながらの奴隷ではなく、かつては自由人の身分でバビロンの立派な鞍作りの息子であることも話した。そして奴隷に至るまでの身の上話も明かした。それに対してサイラが言った次の言葉には、正直面食らわされた。その言葉はあとになってもよく思い返したものだった。

『自分の弱さのためにこういう境遇となった人間が、どうして自分は自由人だなどといえるのです。もし本当に自由人だったのなら、その誇りと魂を決して忘れないことです。今の自分は奴隷でしかないのだと思っていれば、その人間の生まれには関係なく本当に奴隷になってしまうのは、水が低きに流れるように当然の成り行きでしょう。

自由人の魂を持って生きていれば、たとえ不運に見舞われたとしても、生まれ故郷の街で敬われ、崇拝されるようになるのではありませんか』

一年以上もの間、わしは奴隷としてほかの奴隷たちと一緒に過ごした。だが、その仲間にはどうしても加われなかった。ある日サイラが訊《き》いてきた。

『夕方になるとほかの奴隷たちは一緒になって互いに仲良くしているのに、なぜおまえは独りで天幕の中に残っているのですか』

『あなたが以前おっしゃられたことを繰り返し考えているのです。自分の心は奴隷になりきってしまったのかどうかを考えているのです。そのため私は、どうしても奴隷たちの仲間に加わる気になれず独りでいてしまうのです』

『私だって独りでいなければならないのですよ。夫は私の持参金目当てで結婚しました。彼は私が欲しかったわけではないのです。女は誰でも、自分が欲しいと思われたいと願っているものです。それに私には子供が授かりませんから、一族の中で独り浮いてしまっています。もし私が男なら、こんな奴隷でいるよりは死を選ぶでしょう。我が一族の伝統で、女たちは奴隷と変わらないのですよ』

『最近の私を見て、奥様はどう思われますか。私は自由人の魂を持っていますか、それとも奴隷のままでしょうか』

『おまえはバビロンで背負っている借金を、今でもきちんと返済したいと思っていますか』

『はい、そう願っています。けれど方法が分かりません』

『ただ歳月が過ぎるにまかせて、返済しようという素振りさえ見せないのであれば、おまえの魂は軽蔑すべき奴隷のもの以外の何ものでもないでしょう。そうでなければ自尊心など持てるはずはないでしょうし、借金を返さないで自尊心を持てる人間などいないでしょうから』

『でもシリアで奴隷になったままで、どうやって返済できるとおっしゃるのです』

『では、ここで奴隷のままでいるのですね、弱虫さん』

『私は弱虫なんかではありません』

『では、それを証明してごらんなさい』

『どうやってです?』

『おまえの国の偉大な王様は持てる力を振り絞り、あらゆる方法であまたの敵と闘っているではないですか。おまえの借金はおまえにとっての敵のはず。借金のせいでバビロンを追い出されたのですからね。敵を放って置いたために相手はどんどん強くなって、おまえの手に負えなくなったのです。おまえが人間の魂を持って敵と闘ってい

たならば、おまえはその敵を屈伏させ、周りの人たちから尊敬されるようになってい
たでしょう。ところがおまえは敵と闘うだけの勇気がなかった。だからごらんなさい、
おまえは自尊心を失くしてとうとうシリアで奴隷になっているではありませんか』
　この厳しい意見を聴いて、わしはさまざまなことを思案した。そして自分は心の中
までは奴隷になっていないことを証明する弁解をいくつも考えてみた。けれどもその
弁解を口にするチャンスはなかった。
　三日後、召使いが呼びに来て、わしはサイラのところへ連れて行かれた。
『母の病気がまた重くなりました。主人のところの群れから一番いい駱駝二頭を選ん
で鞍を置きなさい。長旅もできるように、水の袋と食糧の鞍袋もつけなさい。召使い
が厨房《ちゅうぼう》テントで食糧を用意しています』
　わしは駱駝の用意をしたが、召使いが渡してよこした食糧の量があまりにも多い気
がした。というのも、サイラの母親のところまでは一日もかからなかったからだ。召
使いは後ろの駱駝に乗ってサイラのあとに続き、わしはサイラの駱駝の轡を取った。
彼女の母親のところに着いたときには暗くなっていた。サイラは召使いを下がらせて、
わしに言った。
『ダバシア、おまえに尋ねます。おまえの魂は自由人のものですか、それとも奴隷の

ものですか』

『自由人の魂です』

『ならば今がそれを証明するチャンスです。主人は深酒をし酔っぱらっていて、主な部下たちもひきこもっています。この二頭の駱駝を連れて逃げなさい。この袋の中に主人の服が入っていますから変装できるでしょう。私は病気の母を見舞っている間におまえが駱駝を盗んで逃げたと伝えましょう』

『サイラ様、あなたは女王様の魂をお持ちです。あなたのお幸せを心より願うものです』

『いいえ、幸せというものは、はるか遠い国の異邦人のもとで探している私のような者には訪れないものです。ですから、おまえはおまえの道をお行きなさい。道は遠く、水も食糧もないのですから、砂漠の神々のご加護があらんことを』

　わしからそれ以上口にする言葉はなかった。最後にもう一度頭を下げると、わしは闇にまぎれて逃げ出した。その辺りの地理はほとんど知らず、ぼんやりとバビロンの方角はこっちだろうということしか分からなかったが、とにかく丘陵地帯をめざして砂漠に乗り出して行った。片方の駱駝に乗り、もう一頭は後ろに引いた。その夜から翌日の夜まで、わしは休むことなく移動を続けた。主人の財産を盗んで逃げようとした奴隷が、捕まればどんな恐ろしい目に遭うか分かっていたので、足を止めることなどできなかった。

翌々日の午後、わしは生き物の気配のない荒涼たる砂漠地帯に入った。鋭い岩が忠実な駱駝たちの足を傷つけ、駱駝たちの歩みはのろく痛々しいものになった。そこでは人間はもちろんのこと動物にすら会わず、この荒れ果てた土地を生き物がなぜ避けるかがよく理解できた。そうした地獄の旅から生きて帰って、そのことを伝えた人間はほとんどおらんだろうよ。

わしは来る日も来る日もひたすら進み続けた。食糧と水は尽き、太陽の熱は容赦なく照り続けた。九日めの夕方、わしはとうとう乗っていた駱駝の背からすべり落ちた。衰弱して、再び駱駝の背中に乗ることはできないだろう、ついにここで自分は死ぬのだ、この見捨てられた土地に消えるのだ、と感じた。わしは意識を失くし地面に伸びてしまうと、夜明けの光が射すまで目覚めなかった。

翌朝、陽の光によって意識を取り戻し辺りを見回すと、朝の冷たい空気の中、駱駝は遠からぬところでぐったりと横になっていた。相変わらず砂と刺《とげ》と岩ばかりの荒涼とした土地がどこまでも広がっていた。水の気配もなく、人間にも駱駝にも食べられそうなものは何ひとつなかった。

最期に目にするのはこの平和な静けさなのだろうか。死を前にしてわしの心はかつてなく澄み切っていた。自分の肉体はたいして大事なものではなくなったようだった。干からびて血のにじんだ唇も、乾き切ってふくれあがった舌も、空っぽの胃袋も、前日までの耐え難いほどの苦痛がすべて消えてしまっていた。

気の滅入るような砂漠をもう一度見やると、そこでもう一度、例の質問を自分に投げかけた。

自分の魂は奴隷のものか、それとも自由人のものか。

そのとき、はっきりと分かったのは、もし自分の魂が奴隷のものなら、ここで諦め、この砂漠に倒れ、逃亡奴隷にふさわしい死に方をするだろうということだった。

しかし、自由人の魂を本当に持っているならば、どうすべきなのだろうか。何としてもバビロンへと帰り着き、この自分を信用して金を貸してくれた人々に借金を返し、わしを心から愛してくれていた妻を幸せにし、両親を安心させ満足させられるようにするはずだ。

『おまえをバビロンから追い出したのは、借金というおまえの敵です』

あのサイラの言葉がよみがえってきた。いかにもそのとおりだ。一人前の人間としてバビロンに踏み止まることを拒んだのはなぜだ。妻が実家に帰るのを仕方がないと見送ったのはなぜだ。

そう考えた瞬間、不思議なことが起こった。この世の中を覆っていた灰色の靄《もや》のようなものが突然消え失せ、すべての景色が鮮明に見えるようになったのだ。まるで、今までそれを通して世界を見ていた〝色付きの石〟の板が、だしぬけに外されたようだった。そのときわしは、初めて自分の目でこの世を実際に眺めていることを自覚し、人生で本当に価値あることが何かということを、ようやく悟ったのだ。

砂漠で死ぬだと、冗談じゃない。世界が変わった今、自分がしなければならないことが見えてきた。まず第一に何としてもバビロンへ戻るのだ。そして借金を返していないすべての人間に直接会う。その人々に、長い間放浪し不運を重ねたが、今戻って来たのは、神々の許しであろうことを話し、すみやかに借金を返済し謝罪するためだと説明する。次に妻に家庭を用意し、両親が誇りに思うような立派な市民になる。ここまではどうしても実現しなければならない。

借金は己の敵かもしれない。けれど金を借りている相手は味方なのだ。その人々は、かつてわしを信頼し、信用してくれたのだから。

わしはよろけながらも立ち上がった。飢えがどうした、渇きがどうした。それはバビロンへ帰る途中の些細な出来事にすぎないではないか。

わしの中に自由人の魂が湧き起こり、借金という敵を征服し、金を貸してくれた味方に報いようという気力が湧いてきた。その大いなる決意にわしは身震いさえした。

わしのしゃがれた声に元気づけられたのか、駱駝たちの目も輝きを取り戻した。何度かころびながらも駱駝たちは一所懸命に立ち上がった。忍耐強く歩く姿は、悲愴感さえ漂わせていた。とにかく二頭は東へと進んだ。わしの中の何かが、そちらにバビロンがあるはずだと告げていたのだ。わしらは少しずつ少しずつ前進していった。

そしてとうとう水を見つけたのだ。草が生え、果物の実る肥沃な土地へと入ったのだった。さらにわしはバビロンへと通じる細い道を見つけたような気がした。なぜなら自由人の魂を持つ人間は、人生に関するあらゆる問題を解決してゆけるからだ。魂まで奴隷になりきってしまった者は、自分に何ができようとただ泣いているだけなのだ」

「どうだ、タルカド。腹が空っぽになって、頭のほうは恐ろしいほどに冴えてこないか。自尊心を取り戻す道に踏み出す用意ができたのではないかな。世の中を本来の色で見ることができるのではないかな。いかに多かろうと誠実に借金を返し、もう一度バビロンで敬意を払われるような人間になりたいと思っているのではないかな」

若者の目がうるんでいた。タルカドは、心が洗われるような表情でダバシアの前にひざまずいた。

「あなたは私に〝今後の人生〟を与えてくださいました。今この瞬間にも、自分の中に自由人の魂が湧き上がってくるのを感じます」

話を聴いていた客の一人が興味を持ってダバシアに尋ねた。

「しかし戻って来てからあんたはどんなふうにしたんだね」

「決意あるところ、道は開けるものだよ。決意はすでに固まっていたから、わしは方法を探した。まずわしは金を借りている相手を一人ひとり訪ね、返済するための金を稼げるまで支払いを待ってくれるように頼み込んだ。ほとんどの相手は喜んで迎えてくれた。わしをののしる者もいたが、反対に援助を申し出てくれた人たちもいた。

その中でわしに心からの救いの手を差しのべてくれた人物がいた。金貸しのメイソンだよ。わしがシリアで駱駝の世話をしていたと聞いて、駱駝商人の老ネブターのところへわしを推薦してくれたのだ。ネブターは我らが国王陛下の命を受けて、大遠征のための丈夫な駱駝の群れを多数購入しようとしていた矢先だった。わしは自分の駱駝の知識を彼のところで存分に活用した。少しずつではあったが、わしは借りていた銅貨や銀貨を最後の一枚まで返済していった。そうして初めて、わしは顔を上げ、自分が人の尊敬を受けるに値する人間だと感じることができるようになったのだ」

話を終え、ダバシアは自分の食事に注意を向け、厨房に聞こえるように大声で怒鳴った。

「おい、おやじ。この不精者めが。せっかくの食事が冷えてしまったぞ。焼きたての肉をもっと持って来い。それから格別大きな肉を我が親友の息子、このタルカドに持って来てやれ。腹をすかしているから特に大きなやつをな。わしと一緒に食べるのだ」

こうして駱駝商人ダバシアの物語は終わった。ダバシアは、ある偉大なる真実、ずっと昔から賢者たちが知り、活用してきたその真実を知ったとき、同時に自らの魂を見つけたのだ。

こうした真実は、いつの時代にも人々の困難克服と成功への導きとなってきた。この魔法の力を理解できる知恵ある者にとっては、これからも同じく導きとなってゆくことだろう。この逸話の最後に贈る次の言葉は、真実の力を示すものである。

――決意あるところ、道は開ける。

（第七話　了）

第八話

「バビロンの知恵」は現代にも通用するか

——出土した粘土板が伝える貴重な記録

メソポタミア、ヒラーの英国科学探検隊気付

フランクリン・コールドウェル教授殿

拝啓

バビロンの遺跡からあなたが最近発掘された五枚の粘土板は、お手紙と一緒に船で到着いたしました。私はこの粘土板に大変興味を抱き、刻印された文章を翻訳して、時の経つのも忘れて楽しく過ごしております。すぐにもご返事を

差し上げるべきだったかもしれませんが、この手紙に添付しました翻訳を完成させるまでご返事を延ばしておりました。

粘土板はあなたが慎重に防腐剤を使われたのと、丁寧な梱包のおかげで、損傷もなく到着しております。

研究室の我々同様、この五つの粘土板が物語る話にはあなたも驚かれることでしょう。はるかなる過去の遺産には、ロマンスと冒険、『アラビアン・ナイト』のような物語を期待するものです。ところが、粘土板から現われたのはダバシアという男の借金の返済記録だったのです。数千年前といえども、そうした記録が残っていること自体、この古代都市が現在の私たちの社会と思ったほど違っていないことの証《あかし》と言えるでしょう。

そしてその刻印文の中身ですが、一読し終わって、私はその内容に頭をガツンと叩かれたような奇妙な気分にさせられたのです。大学の教授として、私はたいていの問題について、実用的な知識を持つ思慮分別のある人間ということになっています。ところが、バビロンの砂漠に埋もれた遺跡から現われたこの男の記録は、借金を返すと同時に財布の中身をも太らせることができるような、今まで聞いたこともない方法を教えてくれているのです。

この方法がかつてのバビロンと同じく、今日でもうまくいくものかどうか試してみることは、楽しくまた興味深いことであります。妻と私は私たち自身のケースに、この男の言っていることを応用してみるつもりです。うまくいけば今日の状況は大いに改善されることでしょう。

あなたの価値ある事業が最高の幸運に恵まれますよう、またあなたのため微力を尽くす機会が訪れることを心よりお待ち申し上げております。

敬具

一九三四年十月二十一日

ノッティンガム州ニューアーク・オン・トレント

ノッティンガム大学　聖スウィジン・カレッジ

アルフレッド・H・シュルーヴェリィ（考古学者）

●第一の粘土板

今宵、月の満ちつくす日にあたり、この私ダバシアは、シリアでの奴隷の境遇より先日帰還したばかりの身であるが、多額の負債を返済し、我が生まれ故郷の街バビロンにて人々の尊敬に値する人物となるべく決意を固めた。この大いなる願望を達成するまでの我が行動の記録を永久に残すため、ここに粘土板を刻むものである。

これは、我が親友である金貸しメイソンの賢明なる忠告のもとに実行されるものである。「名誉を重んじる人間ならば、誰でも負債から抜け出し、財産と自尊心を獲得できるようになる」――メイソンが保証したこの言葉に基づく計画に、私は忠実に従う決意である。

この計画は、我が願望であり期待とも言える「三つの目的」を含む。

第一に、この計画は我が将来の繁栄をもたらすものである。

このために、すべての収入の十分の一を、自分自身のものとして取っておくことにする。メイソンは賢明にも次のように言ってくれた。

・財布の中に今すぐ必要でない金貨や銀貨を持っている人間は、家族にとって善をなし、王にとっては忠実な下僕《しもべ》となる。

・財布の中に数枚の銅貨しか持っていない人間は、家族にも王にも冷淡になる。

・財布の中に何も持っていない人間は、家族には薄情となり、王には不忠となる。
・したがって何事かをなそうと望む人間は、財布の中に多くの金を持っていなくてはならず、同時に家族への愛と、王への忠誠心を持っていなくてはならない。

第二に、この計画は忠実にも実家から私のもとへと戻って来てくれた我が最愛の妻を支え、彼女に美しい服を着せられるようにするものである。メイソンによれば、実直な妻の面倒を見ることは、男の自尊心を育て、その心の内に力を起こさせ、目的遂行の決意がより固まるからだ。

このために、収入の十分の七を使って、住む家、着る服、食糧、それ以外のわずかの出費をまかなうことにする。生活に楽しみと喜びに欠けるところがないようにするためだ。しかし同時にメイソンは、この立派な目的のためであっても、出費が収入の十分の七を超えることがないよう最大の注意を払うことを命じた。計画の成功は、この点にかかっているといってよい。私は収入の十分の七で生活し、これを超えた出費をしたり、この中から払えないようなものを買わないことを誓う。

●第三の粘土板

第三に、この計画は我が収入から借金を返済してゆくための基本になるものである。

このために、月が満ちるたびごとに収入の十分の二は、私を信用してくれ私に金を貸してくれたすべての人々の間に、正直に公平に分割し支払うことにする。いずれ我が借金はすべて返すことができるであろう。

ここに私が借金を負っているすべての人間の名前と正確な額を記す。

ファール（服飾職人）――銀貨二枚、銅貨六枚
シンジャー（長椅子職人）――銀貨一枚
アーマー（友人）――銀貨三枚、銅貨一枚
ザンカー（友人）――銀貨四枚、銅貨七枚
アスカミア（友人）――銀貨一枚、銅貨三枚
ハリンシア（宝石職人）――銀貨六枚、銅貨二枚
ダイアーベカー（父の友人）――銀貨四枚、銅貨一枚
アルカハド（大家）――銀貨十四枚
メイソン（金貸し）――銀貨九枚
ビレジク（農民）――銀貨一枚、銅貨七枚
（これ以降、損傷。解読不能）

●第三の粘土板

債権者全員を合計すると、私には銀貨百十九枚と銅貨百四十一枚の借金がある。かつて私は、これだけの金額のために、返済のあてが全くなくなり、愚行に走ってしまった。妻を実家に帰したまま、故郷の街を捨てて異国で簡単に財産を手に入れようとした。その結果、我が身が奴隷として売られるまでにおちぶれた。

メイソンが、我が借金を収入から少しずつ返済できる方法を示してくれたことで、借金苦から逃げ出した自分の行為がいかに愚かなことであったか、ようやく納得できた。

私は借金をした人すべてを訪ね、自らの稼ぐ能力以外に借金を返済する方法がないこと、収入の十分の二を誠実に公平に分けて返済にあてるつもりであることを説明した。家族を守り、我が願望を叶えるためには、これ以上の金額を払うことはできないが、債権者が辛抱して待ってくれるならば、やがて私は全額を返済できるだろうとつけ加えた。

一番の親友だと思っていたアーマーには口汚くののしられ、屈辱のうちに追い払われた。農民のビレジクには、金は今喉から手が出るほど欲しいから一番に払ってくれと頼み込まれた。大家のアルカハドは納得してくれず、すぐに全額返さないのであれば、困ったことになるぞと脅した。

しかし、そのほかの人たちは皆、私の提案を受け入れてくれた。私は今まで以上に計画を最後まで実行する決意を固めている。借金から逃げるよりは返すほうが楽なのだとはっきり分かったからだ。一部の人の要求に応じられなかったが、私は全員と公平に付き合うことにする。

●第四の粘土板

再び月が満ちた。私は自由人の魂の誇りを持って懸命に働いた。我が愛する妻は借金を返済しようとする私を支えてくれている。判断が良かったせいか、このひと月の間に、五体健全で優秀な駱駝《らくだ》を仕入れることができ、銀貨十九枚を稼いだ。

これを私は計画に従い分配した。まず十分の一は自分自身のために取っておいた。十分の七を、生活費をまかなうために妻と分けた。残りの十分の二は銅貨にし、できるだけ公平に債権者に分配した。

アーマーには会えなかったので、その夫人に金を託した。ビレジクは大喜びで私の手にキスせんばかりだった。老アルカハドだけが不満そうに、もっと早く返済しろと言ってきた。

彼には、もっと収入が増え、生活に不安が失くなれば、もっと早く返すことができるようになると答えておいた。ほかの人々は礼を言ってくれて、私の努力を誉めてくれた。

こうしてこの月の終わりには、私の借金は銀貨四枚分ほども減り、誰にも手を出せない金として銀貨約二枚を持つことになった。心がこんなに軽くなったことは実に久しぶりのことだ。

また月が満ちた。私は懸命に働いたが、今回の成果は少なかった。私はほとんど駱駝を仕入れることができなかった。稼いだ金はわずかに銀貨十一枚だった。妻と私はたとえ新しい服を買えず、ほとんど野菜ばかり食べる生活になったとしても、計画を守った。十一枚の十分の一を自分たちに支払い、十分の七で生活した。

返済が少額だったにもかかわらず、アーマーが私を誉めてくれたので驚いた。ビレジクも感心してくれた。アルカハドはその少なさに怒り狂ったが、返してほしくないのならその金を返してくれと開き直ると、矛《ほこ》を収めて受け取ってくれた。ほかの人々はこれまでと同じく満足してくれた。

また月が満ち、今私はとても喜んでいる。質の良い駱駝の群れが移動しているのを見つけ、健康な駱駝を多数買うことができたのだ。おかげで私の収入は銀貨四十二枚になった。今月、妻と私はずっと我慢していたサンダルと服を買った。肉や鳥を食べることもできた。

この月に債権者に払った銀貨は八枚を超えた。今回はアルカハドですら何も言わなかった。

この計画はまさに偉大なることを実感している。おかげで私たちは借金地獄から逃れて、しかも自分自身の財産を築こうとしているのだから。

前にこの粘土板に刻んでから、さらに三か月経った。そのたびに私は収入の十分の一を自分に支払った。つらいこともあるが、私と妻はとにかく十分の七で生活している。そして必ず十分の二を債権者に支払った。

今や自分の財布の中には銀貨が十四枚もある。しかもこれは自分自身のものだ。おかげで私は堂々と胸を張っていられるし、友人と一緒に歩いていても卑屈になることもない。妻は家の中をきれいにしてくれているし、着るものも愛らしい。私たち夫婦は幸せに暮らしている。

メイソンから授かった知恵がどれほどの価値を持つものか、言葉では言い表わせない。考えてみれば、元奴隷が立派な市民となったことだけでも驚くべきことではないか。

●第五の粘土板

その後何度も月が満ちたが、この前粘土板に刻んだのはずいぶん前のことだと記憶している。実を言えば、三十回以上の月の満ち欠けがやって来ては過ぎ去った。しかし、今日は忘れずに記録をつけることにする。今日この日、私は最後の借金を返済したからだ。我が愛する妻と感極まった私は、自分たちで決めた目標を達成したことを祝って、ごちそうを食べた。

債権者たちを訪ねることは今日で最後になるが、今日体験したさまざまなことは生涯忘れないだろう。アーマーは最初に薄情な言葉を投げつけたことの許しを乞い、これからも最高の友人でいてくれ、と懇願してきた。

老アルカハドの言葉からも、彼がそれほど悪い人間ではないことが分かった。

「以前のおまえは、相手に好きなように形を変えられてしまう柔らかい粘土だった。今のおまえは、厳しい要求にも耐えられる一個の青銅になったな。銀貨でも金貨でも、必要とあればいつでも、わしを頼ってくれていいぞ」

私を高く評価してくれたのはアルカハドだけではなかった。私に丁重な態度を示してくれた人も大勢いた。妻が私を見る目に宿る光は、私に自信を持たせてくれる。けれども、私の成功はすべてメイソンの授けてくれた知恵のおかげだ。あの知恵のおかげで私は借金をすべて返済でき、しかもなお財布の中に金貨や銀貨を貯めることができたのだ。

成功したいと望む者には誰にでもこの知恵の実践をすすめたい。元奴隷が借金を返済したうえ、自分の財産も築くことができたとあれば、どんな人間でもあの知恵によって独立と自尊心を勝ち取ることができるはずだ。

私はここで終わりにするつもりはない。この方法を続けるならば、いつか必ず資産家の仲間入りをすることができるはずだ、と信じているからだ。

メソポタミア、ヒラーの英国科学探検隊気付
フランクリン・コールドウェル教授殿

拝啓
　あなたがそちらのバビロンの遺跡をさらに発掘する間、かつてそこに住んでいた人物、ダバシアという名の駱駝商人の幽霊に出会うことがあれば、ひとつお願いしたいことがあります。
「はるか昔、あなたがあの粘土板に刻みつけた言葉に対して、イングランドの大学に勤めるある夫婦が生涯の感謝の言葉を捧げている」と、その幽霊にお伝えいただきたいのです。
　二年前の手紙で、妻と私はダバシアの計画に従い、借財を返済し、同時に資産を作ることを試してみるつもりだと書きました。そのことはおそらく覚えておいでだろうと存じます。友人たちには事実を隠そうとしましたが、私たちが

もうどうしようもない状況に陥っていたことは、ご推察のとおりです。

私たち夫婦はもう何年も前から、以前からかさんだ借金に恐ろしいまでに責めたてられておりましたが、同僚たちの中にスキャンダルを暴きたてる者も出てきて、そのため大学を追い出されるのではないかと恐れていました。

当時私たちは、収入の中から絞り出せるだけのものを、最後の一銭にいたるまで支払いにあてていました。それでも帳尻を合わせるのに十分ではありませんでした。それだけでなく、買い物をするにもコストが前より高くつき、追加のクレジットが組めるところに限らざるを得なくなっていました。

状況は良くなるどころか、どんどん悪くなる一方で悪循環に陥っていました。いくら悪戦苦闘しても、望みは断たれようとしていました。大家にも金を借りていたため、もっと家賃の安い住まいにも移れないありさまでした。状況を改善する手立ては、もはやないように思われたのです。

そんなとき、あなたの知人、あのバビロン生まれの駱駝商人が現われたのです。しかも彼が携えていたものは、私たちがなしとげたいと望んでいた計画そのものでした。かの商人の決意に奮起して、彼の方法に倣《なら》うことにしました。

すべての負債をリストにし、それを持って回り、金を借りているすべての人々に見せたのです。

私は現在のやり方では借金を返済することは単純に不可能であることを説明しました。リストの数字を見れば、そのことは債権者にとっても一目瞭然です。そこで負債を完全に返せる唯一の方法は、毎月の収入の二十パーセントを返済用として、これを割合に沿った形で分配することであり、そうすれば三年弱のうちに借金はすべて返済されることを説明したのです。

その間、現金収入の（十分の一は自分たちのために取っておくので）十分の七で生活することになりました。生活必需品や日々の消耗品などは債権者の店から購入するのですが、私たちが物品を買うのに現金を使うことも債権者たちにとっては利益への一部になりました。

債権者たちは実に立派な人たちでした。いつも買っている八百屋は分別のある老人で、次のような言葉で私たちに応えてくれました。

「あんた方がこれから買うものは全部現金で支払ってもらって、そのうえ借りてる分もいくらか返してくれるってんなら、これまでのやり方よりはましだな。なんせ、あんた方はこの三年間一銭も払っとらんのじゃから」

ほかの人たちとも同じようなやり取りがあったあと、同意してもらうことができました。

最終的に、私たちが収入の二十パーセントを定期的に払っている限り、残りの借金については催促はしないとする契約で、債権者全員の署名をもらうことができたのです。

次に私たちは七十パーセントで生活できるように計画を立て始めました。むろん残りの十パーセントは貯めておくことに決めました。銀貨や、ひょっとすると金貨までも貯められるという言葉に決意も固められました。

今までの生活を変化させるのはまるで冒険のようでした。残りの七十パーセントで快適に暮らすために、ああでもないこうでもないと、妻とやりくりするのは楽しいことだったのです。まず家賃から始めて、かなりの値下げを勝ち取りました。

次にお気に入りの紅茶のブランドといったものに疑惑の目を向けました。すると、それほど金をかけなくともすばらしく質の高いものを買えることが分かって、驚きもし、喜びもしたのです。

手紙でお知らせしようとすれば長くなりますが、とにかくそれは少しも難しくなかったのです。私たちは十分生活できましたし、大喜びで倹約したのです。

とっくの昔に払っていなければならない借金に悩まされることがなくなっただけでも心底ほっとしました。

一方、貯めることになっていた十パーセントのお金のこともきちんとお話ししておかねばなりません。私たちはしばらくの間、教えを守って貯めていました。たかが十パーセントとお笑いになってはいけません。意外やここがなかなかスマートな部分なのです。

使わなくていい金を貯め始めるのは本当に楽しいものです。そうした金が急速に増えてゆくのを見る楽しみは、その金を使うことで得られる喜びよりも大きいものがあったのです。

満足のゆくまで貯めたのち、私たちはもっと利益の出る使いみちを見つけました。使わないと決めていた例の十パーセントのお金で投資に参加したのです。このことは私たちの生活再建計画でも、最も楽しいものになっています。なにせ、毎月真っ先にこの支払いのための小切手を切るのですから。

投資した金が着実に増えてゆくことが分かるというのは、私たちに安心感を与えてくれるものとしてこれ以上のものはありません。私が教職を退くまでには、投資した金はおそらく十分な額になるでしょうから、老後、私たち夫婦が不自由なく食べていけるだけの収入を確保してくれるはずです。

以上はすべて、以前と変わらない私の給料でまかなっているのです。信じがたいことですが、真実なのです。負債総額は徐々に減ってきており、一方投資した金は増えています。

それだけでなく、私たちの財政状態は以前よりも改善されています。計画を決め、これを守ることで、ただ日々の流れに任せていたときと比べて、これほどの違いが出てくるとは誰が信じるでしょう。

来年末、すべての借金を払い終わるときには、投資に回す金額を増やせるだけでなく、旅行するだけの余裕もできているでしょう。それでも私たちは生活費が収入の七十パーセントを超えることは絶対にないようにする決意です。

さてこれで、私たちがあのダバシアに個人的に感謝したいと思っている理由がお分かりでしょう。彼の計画のおかげで、私たちはこの世の地獄から救われたのですから。

あの男には分かっていたのです。なぜならあの男はすべてを体験していたからです。そして自分の苦い経験をほかの人間に教訓として知っておいてほしいと思ったのでしょう。だからこそ、あの男は何時間も退屈な作業を続けて、あの粘土板にメッセージを刻み込んだのです。

あの男には、同じように苦しんでいる人々に向けて、どうしても伝えたいことがありました。そして彼が伝えようとしたことは、あらゆる人々のすべての人生にとって、有益なメッセージになっていたのです。

数千年後にバビロンの遺跡が掘り起こされたとき、「粘土板に書かれている記述は真実である」と主張する人に、反論できる人は誰もいないはずです。それは今日においても十分通用する、ということが証明されたのですから。

敬具

一九三六年十一月七日

ノッティンガム州ニューアーク・オン・トレント
ノッティンガム大学　聖スウィジン・カレッジ
アルフレッド・H・シュルーヴェリィ（考古学者）

（第八話　了）

第九話

幸福——それは「労働の喜び」を知ること

——元奴隷、富豪の大商人シャルゥ・ナダの愛ある教え

バビロン一の大商人シャルゥ・ナダは、自らのキャラバンの先頭に立ち、胸を張って馬を進めていた。シャルゥは上質の布地が好みで、金のかかった美しいガウンをまとっている。優秀な馬を愛《め》で、元気の良いアラビア馬を楽々と駆っていた。その姿を見て、彼がかなりの年齢であると見抜ける者はほとんどいないだろう。それ以上に、彼が内心あれこれ気に病んでいると思う者などいるはずがなかった。

ダマスカスからバビロンへ向かっての旅は長く、砂漠での試練も数多い。が、そうしたことなどシャルゥは気にしていない。アラブの諸部族は獰猛《どうもう》で、金目のものを持ったキャラバンを襲おうと常に手ぐすねを引いている。しかし、これとて彼は恐れていなかった。駿馬に乗った護衛が多数ついていて、安全に守ってくれていたからだ。

シャルゥが頭を悩ませていたのは、傍らを進む若者、ダマスカスから連れて来た若者のことだった。この若者はハダン・グラといい、かつてのパートナー、アラド・グラの孫である。アラドには返しきれないほどの恩義を感じていた。だから、この孫の

ために は何かしてやりたいと思っていたのだが、そのことを考えれば考えるほど、そしてこの若者を見れば見るほど、それが難しいことに思われてくるのだった。

若者のつけている指輪やイヤリングに目をやりながら、シャルゥは心の中でつぶやいた。

――この若者は、宝石は男のためのものだと思っているな。もっとも顔には、偉大だったじいさんと同じ強い意志が現われてはいる。ただ、アラドはこういうけばけばしいガウンはまとわなかったものだ。そう思いながらも一緒に来るように誘ったのは、この若者が自らの足で歩き出す手助けをしてやろうと思ったからだ。父親の放蕩によって遺産を失い、生活もめちゃめちゃになってしまった苦境から抜け出せるよう、何か手伝えるかもしれないと思ったからなのだが……。

ハダン・グラの声が彼の物思いを断ち切った。

「あなたはなぜそんなに懸命に働いているのですか。いつも自らキャラバンを率いて長い旅をしていらっしゃる。もっと人生を楽しもうとされたことはないのですか」

シャルゥ・ナダは微笑んだ。

「もっと人生を楽しむとな。そなたが私であったら、人生を楽しむのに何をされるかな」

「ぼくにあなたのような財産があれば、王侯貴族のように暮らしますね。馬を駆って砂漠を横断するなんて危険なことは絶対にしません。財布にどんどん金が入ってくるのだからどんどん使いますね。最高級のガウンを着て、これ以上ないほどめずらしい宝石を身につけます。ぼくが好きなのはそういう暮らし方ですし、そうでなければ生きるに値しないですよ」

二人して笑ったあと、シャルゥ・ナダは少し語気を強めて若者に尋ねた。

「そなたの祖父殿は宝石など身につけなかったが……。そなたには働こうという気持ちはないのですかな」

「働くなんて奴隷のすることですよ」

若者の答えにシャルゥ・ナダは唇を嚙んだが、何も言わなかった。黙ったまま馬を進めると、やがて道は峠から下り坂となった。彼は手綱を引いて馬を止め、はるか彼方の緑の谷を指差した。

「ごらんなさい、あそこが谷だ。ずっと下流を見ればバビロンの城壁がかすかに見えるでしょう。そしてあの塔がベル神殿。そなたの目が良ければ、その頂上に永遠の炎から立ち昇る煙も見えるかもしれんな」

「じゃあ、あれがバビロンなんですね。世界中で最も裕福な街を一度見てみたい、といつも思っていたんです。バビロン！　おじい様が財産の基礎を固めたところか。おじい様がまだ生きていればなあ。ぼくらもこんなつらい思いをしなくてすんでるんだろうに」

「祖父殿は永遠の国へ旅立ってしまったというのに、なぜまたこの地上にいてほしいと望むのかな。そなたもそなたの父上も、祖父殿の立派な仕事を維持していけるはずだろうに」

「それなんですが、父もぼくもおじい様のような才覚は持ち合わせていないんですよ。金貨を引き寄せるおじい様の秘密を、二人とも知らないんです」

シャルゥ・ナダはこれには応えず、馬上で何やら考え込みながら谷への道を辿《たど》った。その後ろにはキャラバンが赤みがかった砂埃《すなぼこり》をあげて続いていた。しばらくして一行は、バビロンに続く王の道へと出て、そこを南に折れ、灌漑《かんがい》された畑の間へと入って行った。

畑を耕している三人の老人の姿がシャルゥ・ナダの目をひいた。三人の姿には見覚えがあった。しかしそれは、まるで嘘のような光景だった。この畑を通りかかったのは四十年ぶりなのにもかかわらず、同じ人間たちが四十年前と同じようにそこを耕しているのだ。彼は一瞬夢ではないかと自分の目を疑ったが、やがて「現実に間違いない」と独りうなずいた。

老人たちのうちの一人が危なっかしい手つきで鋤《すき》を持っている。ほかの二人が苦労しながら牛たちの傍《かたわ》らを辿り、牛を前に進めようと棒で叩いているが、牛たちのほうは気にする様子もない。

四十年前に通りかかったときには、あの男たちをうらやんだものだった。できるものなら喜んで仕事を交換しただろう。しかし今ではなんと違った立場になったものか。シャルゥは感慨にふけりながら、あとに続くキャラバンを振り返った。駱駝《らくだ》や驢馬《ろば》に高く積んでダマスカスから運んで来た貴重な商品の山。が、これはまだ自分の財産のほんの一部にすぎないのだ。

シャルゥは畑を耕している男たちを指差して言った。

「四十年前と同じ人間が同じ畑を今でも耕しているのう」

「それはまた、どうして、同じ人間が耕しているのだと分かるのですか」

「前にここで同じ光景を見たことがあるからじゃよ」

シャルゥの記憶がどっと頭の中を駆け巡った。

――どうしてわしは過去を振り返っているのだろうか。

そのとき、死んだはずのあのアラド・グラの笑顔がくっきりと浮かんできた。その笑顔が隣にいる世をすねた若者、孫のハダン・グラへの思案をよみがえらせた。どうすれば助けてやれるだろう。

——指に宝石を飾り、優越感に満ち、浪費癖のついたこの若者を、どうすれば助けてやれるだろう。

働こうという意欲のある人間ならば、いくらでも仕事を与えてやれる。しかし、自分は働くには上等すぎると思っている人間に与えられるような仕事はない。かといって、アラド・グラへの恩義のためにも何かせねばならない。いい加減にやるわけにはいかない。アラド・グラもわしも、ものごとをいい加減にやったことなどなかった。我々はそういうタイプの人間ではなかったからだ。

ふと一つの案がひらめいた。しかし、それには障害がいくつもあった。自らとアラド・グラの過去を告白しなければならないのだ。相手の家族や自分自身の立場を考えると心が痛む。若者には残酷なやり方であるし、相手を傷つけるものでもある。

しかし、決断の早い人間の常として、シャルゥは異議をしりぞけ、その案を実行することに決めた。そして早速、隣にいる若者、ハダン・グラに尋ねた。

「そなたの祖父殿とわしが、あれほど多くの利益を上げることになった合弁事業をどうして始めることになったのか、その話を聴いてみたいと思われるかな」

「どうすれば金貨を手に入れられるか、その方法だけ教えてくださいよ。知りたいのはそれだけなんですから」

若者は言い返したが、シャルゥ・ナダは相手の反応を無視して話し始めた。

「わしらのつながりは、今そこで畑を耕しているあの男たちとの思い出から始まるのじゃ。今から四十年前、わしがそなたと同じ年頃のことだ。わしを含めた四人の男たちがここを通りかかったとき、仲間の一人、農民出身のメギッドがあの連中のだらしない耕し方を見て鼻を鳴らしたものだ。メギッドも私も鎖につながれている身分だった。メギッドは、冗談じゃないという口調で言ったものだ。

『あのものぐさなやつらを見ろよ。鋤を持ってるやつは全然深く土を耕そうとしていないし、叩き役も牛たちを畝《うね》から外れないよう注意を払ってさえいない。深く耕さないで、どうしていい収穫が期待できるんだ』」

「シャルゥ殿、今、あなたは『鎖につながれている身分だった』と言いましたか」

「そうだよ。わしらの首には青銅製の首輪がはまり、間を重い鎖一本でつながれていた。メギッドの隣が羊泥棒のザバドだった。彼とはハールーンにいたとき知り合っていた。そして残りのもう一人の男のことを、わしらはパイレーツ（海賊）と呼んでいた。自分からは名乗らなかったのだが、この男の胸には船乗り風のとぐろを巻いた蛇の刺青《いれずみ》があったからだ。まあ、こうして四人の奴隷が一列になって歩かされていたってわけじゃよ」

「奴隷として鎖につながれていたですって!?」

若者は信じられないという顔で叫んだ。

「祖父殿はわしがかつて奴隷だったことを話されなかったかな」

「あなたのことはよく話していましたが、そんなことはほのめかしもしなかったです
ね」

シャルゥ・ナダは相手の目を真正面から覗き込んだ。

「祖父殿は一番の秘密でも打ち明けられる人だった。そなたもまた信じてよい人間だろう、違うかな」

「ぼくが秘密を守ることは信用していただいてもいいですけど、それにしても驚きました。どうしてまた奴隷などになったのですか」

「誰でも奴隷になる可能性はあるものじゃ。わしが破滅したのは兄の賭博好きと酒のせいだった。わしは兄の軽率な行為のとばっちりを受けたのだよ。兄が喧嘩で友人を殺してしまったとき、父は兄が処刑されるのを避けようと必死になったあげく、わしをその未亡人の奴隷にしてしまったんじゃ。しかし、父がわしを身請けするだけの銀

貨を用意できなかったので、怒った未亡人はわしを奴隷商人に売ってしまった」

「それはひどい、不公平な話じゃないですか。でもそのあとあなたは、どうやってまた自由の身になったんですか」

「いずれその話になるが、それはまだ先のことじゃ。奴隷のときの話を続けよう。我々があの畑のそばを通ろうとしたとき、耕作していた男たちは我々奴隷たちを嘲《あざけ》ったのだ。農民の一人がぼろぼろの帽子を取って深くおじぎをしながら、ふざけ半分にこう呼ばわった。

『王様のお客さん、バビロンへようこそ。城壁の中では王様がお待ちかねですぜ。そこに行きゃあ、ごちそうもお待ちだ。泥レンガに玉ねぎのスープだけどよ』

そう言うと、そこにいた三人の農民はどっと笑った。

パイレーツは怒り狂って言い返していたが、私は農民たちに尋ねた。

『城壁の中で王様が俺たちを待っているというのは、どういう意味なんだ』

『おめえたちは背骨が折れるまで城壁用のレンガをかつがされるのよ。背骨が折れる前に鞭でぶち殺されるってこともあらあな』

するとの隣のメギッドがつぶやいた。

『命令に忠実でよく働く奴隷を、ご主人様たちが鞭で打つというのは筋が通らないね。

ご主人様たちは役に立つ奴隷にはちゃんとした扱いをしてくれるものさ』

　ザバドが口を挟んだ。

『誰が一所懸命になど働きたいものか。あそこで耕している連中は頭がいいのさ。あいつらの仕事は背骨を折ることはないからな。ただ、骨が折れてるようなふりをしてればいいんだ』

　それに対して、メギッドが反論を唱えた。

『怠けていては進歩はないよ。一ヘクタール耕せば一日の仕事としては十分で、どこのご主人様だってそれくらい分かる。ところが半ヘクタールしか耕さなければ、それは怠けてるってことだ。私は怠けないよ。私は働くのが好きだし、勤労はこれまで最高の友達だったからね。それに人生の楽しみはみんな、よく働いたおかげで手に入ったからね。農場、牛、収穫、何もかもだ』

『だろうな。で、その手に入れたものっていうのは、今どこにあるってんだ。俺はうまく立ち回って働かずにすむようにしたほうが得策だと思うね。このザバド様を見てろよ。もし俺たちが城壁人夫用に売られたら、俺だけは水袋をかつぐとかそういう簡単な仕事ですませるからな。おまえみたいに働くのが好きなやつはレンガでも運んで背骨を折るがいいや』

その晩、わしは恐怖に襲われて眠れなかった。わしは逃走防止用のロープのそばに押し込められていた。ほかの者が眠ってしまってから、最初の見張りに立っていたゴドソの注意を引こうとした。この男は、かつてアラブの山賊の一人で、財布を奪うときには同時に相手の喉もかき切らねばならないと考える類の男だった。わしは小声で尋ねた。

『教えてくれ、ゴドソさん。バビロンに着いたら俺たちは城壁用に売られるのかい』

『なぜ知りたい』

『分からないかい。俺はまだ若い、死にたくないよ。城壁のために働かされたり、死ぬまで鞭で打たれたくはないんだ。いいご主人様につけるチャンスはないのかい』

『いいこと教えてやる、おまえこのゴドソに面倒をかけていないから。たいてい俺たち、まず奴隷市場に行く。買い付け人来たら、自分よく働く、ご主人様のためによく働くの好き、と言え。買う気にさせる。買ってもらえなければ次の日レンガ運んでる。恐ろしくつらい仕事』

やつが行ってしまってから、わしは暖かい砂にあおむけになり星空を見上げながら〝働くということ〟について考えた。メギッドは『働くことは生涯最高の友達だ』と言っていたが、自分にとっても最高の友達になるだろうか。今のこの境遇から抜け出せるとすれば、確かに最高の友達といって間違いないだろうが。メギッドが目を覚ますと、わしはこのうれしい情報を小さな声で伝えた。

翌朝バビロンに向かって歩きながら、わしらはこの一点に一縷《いちる》の望みをつないでいた。その日の午後遅く城壁が近くなると、斜めになった道を人間の列が蟻のように登ったり降りたりしているのが見えた。さらに近づくと、何千人という人間が働いているのが見えてきた。掘割を掘っている者もいれば、泥をこねて泥レンガを作っている者もいる。しかし圧倒的に数が多いのは、大きな籠にレンガを入れ、急な斜面を石工たちが働いているところまで運び上げている奴隷だった。

（原注）古代バビロンの有名な建設事業（城壁、寺院、空中庭園、大運河など）は、奴隷たちの労働力によって築かれた。奴隷は主に戦争捕虜たちで、非人間的な扱いを受けたのはそのためだろう。この労働力には、犯罪や経済的トラブルで奴隷として売られたバビロンとその属州の市民も大勢含まれていた。男が自分自身や妻子を、「借金の返済や法的な義務などに対する保証人」とすることはごく普通の慣習だった。責務や債務の不履行に際しては、保証人とされた者は奴隷として売られていた時代であった。

のろのろしている者がいると監督官はののしり、列を守れない者の背中には生皮製の長い鞭を振るっていた。かわいそうに、疲れ果てた者たちは重い籠を背負ってよろめき、籠に潰されると二度と起き上がれなかった。鞭を振るっても立てないでいる奴隷たちは、通路の脇に押しのけられ、そのまま放って置かれた。

その後、間もなくすると引きずり下ろされて、通路脇で助けを求めている同じ状態の奴隷とともに、あとは墓に入るのを待つばかりだった。このおぞましい光景を前にして、わしは震え上がった。つまり奴隷市場で売り込みに失敗すれば、わしを待ち受けているのはこういう運命なのだと思ったのじゃよ。

その先はゴドソの言ったとおりだった。我々は市の門を通って奴隷用の監獄に連れて行かれ、翌朝、奴隷市場の囲いのところまで行進させられた。ここまで来るとほかの男たちも不安から動けなくなり、見張りが鞭を振るってようやく奴隷たちを前に進める始末だった。買い手が相手を調べられるようになっており、メギッドとわしは話しかけることを許された相手には懸命になって訴えた。

奴隷の仲買人は国王親衛隊の兵士を連れて来ていて、そうそうにパイレーツに手枷《てかせ》をかけた。パイレーツが抗議すると激しく殴りつけられ、気の毒にも彼はこの連中に連れて行かれた。

メギッドはそのとき、我々が間もなく離れ離れになると感じていた。買い手が誰もそばにいないときは、熱のこもった調子でわしに話しかけてきた。これからの日々、働くことがいかに大事か、わしに納得させようとしたのだ。

『働くことをとてもいやがる人間もいる。そういう人間は、仕事を敵に回してしまうのだ。それよりは仕事を友達として扱って、自分から好きになったほうがいい。仕事がきついのは気にするな。自分でいい家を建てているときのことを考えてみろ。柱が重いとか漆喰《しっくい》をこねる水を運んでくる井戸が遠いと文句を言うやつはいないだろう。約束してくれ、主人を持ったらとにかく懸命に働くんだ。おまえがやったことを主人が認めてくれなくても、決して気にしちゃいけない。忘れるなよ。懸命に仕事をやれば、いつかそれだけの見返りは必ずあるんだ。いい仕事をすれば、した分だけ人間は必ず良くなるんだ』

そのとき、市場の囲いの中にたくましい農民が入って来てわしらを品定めするように見た。

メギッドは相手の農場や作物のことを尋ねて、自分なら役に立つ、と農民を説得した。奴隷仲買人との激しいやり取りがあったが、その農民はガウンの下からふくらんだ財布を取り出し、間もなくメギッドは新しい主人のあとについて出て行った。

その日の午前中には二、三人しか売れなかった。正午になるとゴドソは、仲買人は嫌気がさしているから、もう一日待つことはやめて、残った奴隷はすべて日没に王の買い付け人に売り払うつもりだ、とこっそりわしに教えてくれた。

わしが焦ってきたそのとき、太った人の良さそうな男が壁のところに来て、我々の中にパン屋はいるかと尋ねた。わしはその男に近寄って、こう言った。

『あなたのような立派なパン屋さんが、なんでわざわざご自分より下手なやつを探さなければならないんですか。それよりもわたしのように熱心な人間に、あなたの優れた技を教え込むほうが簡単ではないですか。見てください。私は若いし、丈夫だし、働くのが大好きです。チャンスをいただければ、あなたの財布が金貨銀貨でふくらむよう懸命に働きます』

わしのやる気に感心したのか、その男は仲買人と交渉を始めた。仲買人は今までわしに注意を払ったことなど一度もなかったのだが、急に雄弁になって、わしの能力や健康、気質の良さを並べたて始めた。わしは自分が肉屋に売られようとしている太った牡牛ではないかと思ったもんじゃよ。とうとう取り引きが成立し、わしは大変喜んだ。新しい主人のあとについてゆきながら、自分はバビロンで一番幸運だと感じていた。

新しい住まいはとても気に入ったものじゃった。主人のナナ・ネイドは、中庭に据えてある石臼で大麦を挽《ひ》くやり方、蜂蜜ケーキ用の胡麻《ごま》入り小麦を細かく挽くやり方、オーブンに火をつけるやり方を教えてくれた。

寝る場所は穀物貯蔵用の小屋の中に小さなベッドを与えられた。古くからいる奴隷の家政婦スワティは、わしが重いものを運んだりするのを手伝ってやったので、食事のときにはたっぷりと食べさせてくれたよ。

こうした環境は、自分が役に立つ人間になるために心から切望していたチャンスだったんじゃ。いつかは自分の自由を叶える方法を見つけられるのではないかと期待していたからな。

わしはナナ・ネイドにパンのこね方と焼き方を教えてくれるよう頼んだ。主人はわしのやる気をとても喜んで、何でも教えてくれた。それができるようになると、今度は蜂蜜ケーキの作り方を教えてもらい、いつしかわしはパン焼きの作業を全部任されるようになっていた。主人は何もしなくてよくなったので喜んでいたが、スワティは賛成できないという様子だった。彼女はわしによくこう言った。

『働かないでいるのは、どんな人間だろうと良くないよ』

こうなるとわしは、そろそろ自分の自由を買うための金を稼ぎ始める方法を考えてもいい頃だと思った。パン焼きは正午には終わるから、午後に金が得られる仕事を見つけられれば、その稼ぎの分け前をもらうのをナナ・ネイドも認めてくれるのではないか、とわしは考えたのだ。わしは蜂蜜ケーキを余分に作り、市内の通りで腹の減った人たちに売り歩くのはどうだろう、と思いついた。

わしは自分の計画をナナ・ネイドにこんなふうに言ってみた。

『パン焼きが終わったあとの午後の時間を使って、私がご主人のために金を稼いだら、儲けの一部を分け前として私にくださいませんか。必要な物はその分け前を使って買うのですから、この提案は公平だと思うのですが』

ナナ・ネイドは認めてくれた。そこで蜂蜜ケーキを売り歩く計画を話すと、主人はたいそう喜んで条件を示した。

『ではこうしよう。おまえは二個一ペニーでそいつを売る。売り上げの半分は小麦粉と蜂蜜代、それにケーキを焼くための薪を買う代金として私がもらう。残りの半分を二人で折半するというのはどうだ』

売り上げの四分の一をくれるという気前のいい申し出に、わしはたいそう喜んだ。その晩わしは遅くまでかかって、ケーキを載せて売り歩く盆を作った。ナナ・ネイドは、わしの見栄えが良くなるようにと着古したガウンを一枚くれ、スワティがそれにつぎを当ててきれいに洗ってくれた。

翌日、わしは蜂蜜ケーキを余分に焼いた。盆に載せると、茶色のケーキは実においしそうに見えた。わしはそれを持つと、大声で宣伝しながら通りを流した。初めは誰も見向きもしなかったが、午後も遅くなって人々の腹が減ってくるとケーキは売れ始め、またたくうちに全部売れてしまった。

ナナ・ネイドはわしの成功をたいそう喜び、喜んで売り上げの四分の一を払ってくれた。自分の金を持つことができて、これほどうれしいことはなかった。『主人というものは奴隷がよく働くのを評価してくれる』と言っていたメギッドの言葉は正しかった。その晩わしは、興奮のあまりほとんど眠れなかったのを覚えておるよ。そして一年でどれくらい稼げるか、〝自由〟を買い戻すのに何年かかるか計算したもんじゃよ。

毎日ケーキの盆を持って出かけているうちに、じきに常連のお得意さんができた。その一人が、ほかならぬそなたの祖父殿、アラド・グラだったのじゃよ。祖父殿は主婦相手の敷物商人で、街中を端から端まで往ったり来たりしていた。敷物を高く積んだ驢馬とその世話をする黒人奴隷を一人連れていた。祖父殿はいつも自分に二個、奴隷にも二個のケーキを買ってくれて、それを食べる間、わしを相手におしゃべりをするのじゃった。

ある日、そなたの祖父殿が言ったことを、わしは生涯忘れないだろうよ。

『私はおまえのケーキが好きだよ、シャルゥ。だがそれよりもっと気に入っているのは、おまえさんが毎日見せてくれている、その働く意欲だよ。その意欲さえあれば、これからもっと大きな成功を摑めるよ』

ハダン・グラよ、大都会で身寄りもなく、屈辱から抜け出す方法を見つけようと全力を傾けていた奴隷の若者にとって、そういう励ましの言葉がどれほど大きな意味を持っていたか、今のそなたには分かるまいな。

数か月過ぎるうちに、わしの財布には金が貯まっていった。ベルトに下がった財布が気持ち良く重くなり始めた。メギッドの言ったとおり、仕事はわしの一番の親友になっていた。わしは幸せじゃったが、スワティは主人が賭博場で過ごす時間が多くなったことを心配していた。

わしはある日、うれしいことに街でメギッドに出会った。メギッドは野菜を積んだ三頭の驢馬を市場に引いて行くところだったが、すぐに今の境遇について話し始めた。

『私はとてもいい具合だよ。主人は私がよく働くのを認めてくれて、今では現場監督なんだ。今日みたいに市場に売りに行くのも任されているし、私の家族も呼び戻してくれたんだ。仕事のせいであれだけひどい目に遭ったことも埋め合わせができたよ。

働き続けていれば、私もいつの日か自由を買い戻して、もう一度自分の農場が持てるようになるよ』

わしはさらに励まされたもんじゃ。

その後、蜂蜜ケーキの売れ行きは順調に続いたが、時が経つにつれて、わしが外売りから帰って来るのを待ちかねているナナ・ネイドの様子に変化が現われた。主人はわしが帰って来るのを今か今かと待っていて、帰ると急いで金を数えて分けるようになった。それだけでなく、もっと売れるところを探して売り上げを増やすようにと指示するまでになった。

わしはよく、城壁建設の奴隷の監督官たちに買ってもらおうと、市の門の外に出て行った。あの不愉快な城壁建設の光景を思い出すのはとてもいやだったが、監督官たちは気前良く買ってくれることが分かったからだった。

ある日、ザバドが列に並んで自分の籠にレンガを入れる順番を待っているのを見て、わしは驚いた。彼はやつれて前かがみになり、背中は一面監督官の鞭に打たれたせいかはれあがっていた。わしが気の毒になってケーキを一つ手渡してやると、ザバドは飢えた獣のようにそれを一気に呑み込んだ。その目は貪欲に光っていて、わしは盆ごと掴まれないうちに急いで逃げた。

そんなある日、祖父殿がわしに質問してきた。

『おまえさん、なんでそんなに一所懸命働いてるのかね』

そなたが先ほどわしにした質問とほとんど同じ内容じゃな、覚えているかな。

わしは仕事に対するメギッドの言葉を伝えて、仕事がどれほど自分にとってすばらしい友になっているかを話した。わしは金の詰まった財布を誇らしげに見せ、自由を買うためにどうやって金を貯めているか説明した。

『では、自由になったら何をするつもりなんだね』

『そうなったら、商人になるつもりです』

それを聞くと、祖父殿はそれまでわしが思いもよらなかったことを打ち明けたのじゃ。

『おまえさんは、私もまた奴隷だということが分からんかね。今の私も主人と契約関係にあるんだよ』」

そう言った瞬間、若者が叫んだ。

「ちょっと待った！　おじい様を中傷するような嘘は許しませんぞ。おじい様は奴隷なんかじゃない！」

「祖父殿がその不幸な過去を克服して、ダマスカス市民の指導者の一人になったことは称えられるべきものだ。その孫であるそなたも同じ性格を受け継いでいるのではないかな。そなたとて、もう大人なのだから、事実を正面から受け入れることはできよう。それとも偽りの幻影のもとに生きることのほうがお好きかな」

若者は鞍《くら》の上で背筋を伸ばし、深い感情を押し殺した声で答えた。

「おじい様は誰からも愛されていた。おじい様の善行は数え切れない。飢饉が起こったとき、ご自分の金を出してエジプトで穀物を買い、それをご自分のキャラバンでダマスカスまで運び人々に分け与えた。そのおかげで飢え死にする者は出なかったのです。ところがあなたはそのような偉大な人物が、バビロンでは尊敬にも値しない奴隷だったと言われるのか」

「祖父殿がバビロンで奴隷のままいたとしたら、軽蔑されても仕方がなかろう。しかし、祖父殿は自らの努力によってダマスカスの偉人の一人となったのだ。そのようなお人であるからこそ、神々もその不運をお救いになり、人々から敬われるような存在に押し上げたのじゃよ」

シャルゥ・ナダはそう言って、話の先を続けた。

「自分も奴隷なんだと告げたあとで、祖父殿もやはり自由を買い取りたくてうずうずしているのだということを打ち明けてくれた。自由を買い戻せるだけの金が貯まっても、祖父殿はどうすべきかひどく迷っていたのだ。今では売り上げを伸ばすことができず、主人の信頼を失うのではないかと心配していたところだったというのだ。

わしはその優柔不断さを責めた。

『主人にしがみつくのはおやめなさい。自由人であることがどんな感じか、もう一度味わってごらんなさい。自由人として振る舞い、自由人として成功するのです。あなたがなしとげたいことを決めるのです。懸命に働いてゆけば、あとは達成できますよ』

祖父殿は、臆病だというわしの指摘を『ありがたい言葉だ』と言って、自分の仕事に戻って行ったんじゃ。

（原注）古代バビロンの奴隷制は、首尾一貫していないように思われるが、法律でこと細かく決められていた。例えば奴隷は、あらゆる種類の財産を所有することができた。さらにほかの奴隷を持つこともでき、奴隷の奴隷に関しては主人であっても全く干渉できなかった。また奴隷は非奴隷の人間と自由に結婚もでき、自由人の母親の子供は自由人だった。とはいっても市の商人の大半は奴隷だったといわれている。その中には主人と共同経営者になって、裕福な者も多かった。

ある日わしは、また市の門外へ出て行った。するとそこに大変な群衆が集まっていたので、近くの男に何があるのかと尋ねた。

『聞いてないのかい。親衛隊の兵を殺して逃げた奴隷に裁きが下って、今日、死ぬまで鞭打たれることになったのさ。王ご自身もご臨席なさるそうだよ』

鞭打ち場の周りにはあまりに多くの群衆が集まっていて、わしは蜂蜜ケーキの盆がひっくり返されてしまうのではないかと思うくらいじゃった。仕方なく未完成の城壁に登って、人々の頭ごしにその情景を見ることにした。幸運にもネブカドネザル王ご自身が黄金の戦車に乗って通るのを見ることもできたよ。見事なガウンや黄金の布やビロードがたれ下がっていて、あんなに豪華な戦車はかつて見たこともなかった。

鞭打ちそのものは見えなかったが、哀れな奴隷の絶叫は聞こえてきた。王のように立派で高貴な方が、鞭打ちで苦しむ人間を見てどうして耐えられるのだろう、と考えると不思議だった。

しかし、王が笑いながら貴族たちと冗談をかわしているのを見ているうちに、王が残酷であることが分かったし、城壁を造る奴隷たちがあれほど非人間的な仕事をさせられている理由も理解できた。

やがて奴隷が死ぬと、その死体は皆に見えるようにロープで吊るされた。群衆が散り始めてからわしはそいつに近寄ってみた。毛深いその胸にとぐろを巻いた蛇の刺青が見えた。それはパイレーツだったのじゃよ。

次に祖父殿に会ったとき、祖父殿は全くの別人へと変わっていた。わしに挨拶した祖父殿は熱意の塊だった。

『見てくれ、おまえさんが知っていたかつての奴隷アラドは今や〝自由人〟となったのだ。おまえさんの言葉には魔法の力があったよ。売り上げも利益も増えたし、何より妻は大喜びだ。妻は自由人で、かつての主人の姪なんだ。妻は、奴隷だった私の過去が知られていない別の街へ引っ越そうと言ってくれているんだ。そうすれば子供たちが父親の不運のせいでいじめられることもないからな。仕事は誰よりも私を助けてくれているよ。おかげで自信を取り戻せたし、ものを売る意欲も回復したよ』

些細な形であったが、自分が役に立てたことでわしは大変喜んだ。祖父殿がわしを励ましてくれたあの日のことに対して、少しでもお返しができたからじゃよ。

ある晩、家政婦のスワティがひどく悲しそうな顔をしてやって来た。

『ご主人様が面倒に巻き込まれてるんだよ。何か月か前、ご主人は賭博でひどく負けなさったんだ。そのせいで穀物や蜂蜜の代金をまだ農民に払えないでいるし、金貸しにも借金を返していないんだとさ。だからみんな怒って、ご主人を脅かしてるんだよ』

『ご主人が愚かなことをするのを、なんで俺たちが心配しなきゃならないんだい。俺たちはご主人のお守り役じゃないんだぜ』

『馬鹿な人だね、何にも分かっちゃいないんだから。ご主人は金貸しから金を借りるため、あんたの所有権を担保にしてしまったんだよ。それが事実なら、金貸しはあんたの所有権を主張できるし、あんたをどうにだってすることもできるんだよ。あたしはどうしたらいいか分からないよ。いいご主人だったのに、ああ、なんでこんなことになっちまったんだろう』

スワティの心配は当たっていた。翌朝、わしがパンを焼いていると、金貸しがサシと呼ぶ男と一緒にやって来た。この男はわしをじっと見て、これなら大丈夫だろう、と金貸しに告げた。

金貸しは主人が戻って来るのを待たず、わしを連れ出した。金貸しはスワティに、自分がわしを連れて行ったと主人に伝えるよう告げた。わしはパンを焼いていた最中だったが、ガウンをひっかけ、金の詰まった財布をベルトに吊るしただけの姿で、連れ出されてしまったのじゃ。

わしは嵐に巻き込まれたかのように、何より大切にしていた望みから吹き飛ばされてしまったのだよ。またもや賭博と酒のせいで、災厄に巻き込まれてしまったのじゃ。

サシは無愛想でぶっきらぼうな男だった。街を通り抜けてゆく間、わしはナナ・ネイドのためにいい仕事をしていたことを話して、あなたのためにもよく働きたいと伝えた。しかし、相手の返事は何の励ましにもならなかった。

『俺は今の仕事が好きじゃないんだ。俺のご主人も好きじゃない。大運河の一部を造らせるよう王様がご主人に命じたんだ。だからご主人はこのサシにもっと奴隷を買い入れろ、懸命に働いてさっさとその仕事を終わらせろ、とせっつくのさ。ふん、あんなでかい仕事をさっさと終わらせることなんてできるもんか』

一本の木もなく、ただ低い灌木があるだけの砂漠を考えてみてごらん。太陽の射す光があまりに強いので、樽の中の水が飲めないほど熱いのじゃよ。その仕事というのは、夜明けから日没まで、何列にもなった奴隷たちが埃《ほこり》だらけの道を深い掘割に降りて行って、重い土の入った籠を運び上げることなんだ。

食べ物は蓋もない飼葉《かいば》桶《おけ》に入っていて、まるで豚のようにそこからすくって食べるのじゃ。想像もできないだろうよ。わしらには屋根はおろか、ベッドにするための藁《わら》一本さえなかった。わしが放り込まれたのはそうした地獄じゃった。わしはあるところに財布を隠して埋めたが、これを掘り出す日がはたしてやってくるだろうか、と悲観的にならざるを得なかった。

初めわしは元気に働いたが、何か月も経つうちに気力が遠のいてゆくのを感じた。しかも熱射病がわしの弱った体を襲った。食欲もなくなり、羊肉と野菜の食事を取ることすらできなくなった。夜になると眠れずに、もがき苦しんだ。

この悲惨な状況にあって、わしはかつての奴隷仲間だったザバドの言ったやり方が一番良かったのではなかろうかと思い始めた。つまり、仕事で背中が折れてしまわないように怠けるのが一番良いのではないかと考えたのじゃ。しかし、獣のような彼の姿を思い出し、そのやり方がうまくいかないことを理解した。

また、恨みつらみに満ちたパイレーツを思い出し、闘って殺されるのも同じではないかとも考えた。だが、やはり血まみれの彼の死体を思い出し、そのやり方もまた役に立たないことを悟った。

そして次に、メギッドと最後に出会ったときの状況を思い出した。懸命に働いたおかげで彼の両手の皮は硬くなっていたが、心は軽く、表情は幸せそうだった。やはりメギッドのやり方が一番いいのだ。

仕事への意欲でいえば、わしはメギッドに勝るとも劣らないはずじゃった。メギッドといえども、わしよりも懸命に働くことはできないくらいだ。それなのになぜわしは働けど働けど幸せになれず、成功もできないのか。メギッドが幸せになったのは仕事のおかげなのか、それとも幸せとか成功は人間の力の及ばないものなのか。いくつもの疑問がわしの頭の中で渦巻いたが、答えは出てこなかった。それどころかひどく混乱するばかりじゃった。

それから数日経ったが、疑問に対する答えが何も出ないまま、わしは自分が我慢の限界に来ているように感じていた。そんなとき、またサシに呼び出された。わしをバビロンに連れ戻すようサシの主人の使者がやって来たのだ。わしは大切な財布を掘り出し、ぼろぼろになったガウンの残骸をまとい、使者の後ろから駱駝に乗ってついて行った。

熱にうかされたせいか、駱駝に乗りながら嵐であちこち吹き飛ばされている自分の姿が、頭の中を駆け巡っていた。わしの生まれ故郷ハールーンに伝わるあの不気味な詩を地で行っているような人生に思えたのじゃ。

つむじ風に吹き上げられてしまったように、
嵐に遭って吹き飛ばされてしまったように、
その行方は杳《よう》として知れず、
その後の運命を言い当てられる者は誰もいない

わしはこの詩のように、自分には分からないもののために、生涯罰せられる運命にあるのだろうか。自分を待っているのは、どれほど悲惨で失望に満ちた境遇なのだろうか。

バビロンに着くと、使者とわしは新しい主人の家の中庭に入るよう命じられた。すると、なんとそこに待っていたのは祖父殿だったのじゃ！　そのときのわしがどんなに驚いたことか。祖父殿はわしを駱駝から降ろすと、長い間行方不明だった兄弟と再会するかのように、わしをきつく抱き締めた。

二人してその場を離れるとき、わしは奴隷が主人に従うように祖父殿の後ろに従おうとしたが、祖父殿はどうしてもそれを許してはくれなんだ。祖父殿はわしの肩に腕を回してこう言ったのじゃ。

『私はおまえさんを求めてあらゆるところを探したんだよ。ほとんど望みを捨てかけていたとき、あのスワティに会えて、彼女があの金貸しのことを教えてくれたんだ。金貸しはおまえさんの高貴なご主人のもとへ私を差し向けてくれた。おまえさんの主人との取り引きにはとんでもない額の金を払う羽目になったが、おまえさんの価値にしてみれば、はした金だ。私はおまえさんの人生哲学と働く意欲に励まされて、今のような成功へと導かれたのだから』

『あれはメギッドの人生哲学で、私の考えではありません』

『いや、メギッドとおまえさんの共作だよ。おまえさんたち二人に礼を言うよ。我々家族はこれからダマスカスに行く。その地で私の共同経営者になってほしいんだ。これをごらん。これでおまえさんは〝自由人〟だよ』

祖父殿はそう言うと、ガウンの下から私の所有権を記した粘土板を取り出し、頭上高く掲げると、丸い敷石の上に投げつけて粉々に割ってしまった。彼は笑いながら割れた破片を踏みつけて、細かい欠片《かけら》となるまでやめなかった。

わしの目からは感謝の涙があふれ出し、しばらく止まらなかった。このとき、『自分はバビロンで一番幸運な男である』ということを確認したのじゃよ。

この話が証明してくれているはずじゃ。わしがどん底にあったときでも、働くことがわしの最高の親友であったということをな。

仕事への意欲のおかげで、わしは城壁で働く奴隷買い付け人に売られるのを逃れることができた。また、働くことへの意欲によって、そなたの祖父殿は感銘を受け、わしを共同経営者として選んでくれたのじゃよ」

「おじい様の財産の〝秘密の鍵〟というのは、働くことだったんですか」

「わしが祖父殿と初めて出会ったとき、祖父殿が持っていた秘密の鍵はそれ以外にはなかったよ。祖父殿は働くことを心から楽しんでおられた。だから神々は祖父殿の努力を認めて、気前よく見返りをくださったのじゃ」

「どうやら分かってきました。懸命に働いたおかげでおじい様にはたくさんの友人ができて、皆がおじい様の勤勉さを尊敬し、成功がもたらされたのですね。懸命に働いたおかげで、ダマスカスであれほどの栄誉を受けることができた。懸命に働いたおかげで、おじい様はぼくが大好きな宝石や指輪を手に入れることができたのですね。それなのに、ぼくといったら働くことは奴隷にしかふさわしくないと思っていたなんて」

「人生には楽しみがたくさんあるものじゃよ。そして一つひとつの楽しみには、それにふさわしい身分がある。働くことが奴隷専用のものではなくて、わしはうれしく思う。もし労働が奴隷だけのものならば、今のわしは一番の楽しみを取り上げられることになるのだからね。確かにわしにもいろいろの楽しみはあるが、働くことの代わりになるものなど何も考えられないんじゃよ」

シャルゥ・ナダとハダン・グラは、頭上高くそびえる城壁とバビロンの巨大な青銅製の城門へと馬を進めた。一行が近づくと門の衛兵はさっと姿勢を正し、著名な大商人である彼らに敬意を込めて敬礼をした。胸を張ったシャルゥ・ナダは、長いキャラバンを率いて門をくぐり市内の街路を進んだ。ハダン・グラはシャルゥに告白した。

「ぼくはずっとおじい様のような人間になりたいと思っていたんです。ただおじい様がどんな人間なのか、これまで全く分かりませんでした。今あなたはそのことを教えてくださいました。しかしこうして分かってみると、ぼくはいっそうおじい様を尊敬し、ますますあの人のような人間に近づきたいと思っています。

おじい様の成功の鍵を教えていただけたことは、お礼の申し上げようもありません。今日からぼくもその教えに従うことにします。おじい様が始めたように、ぼくも質素な生活から始めたいと思います。宝石や上等のガウンよりも、そのほうが今のぼくの本当の立場にふさわしいでしょうから」

そう言うと、若者は宝石のついた安物の装飾品を耳からはずし、指から指輪を抜き取った。そして馬の手綱を引いて後ろに下がると、深い敬意を込めてシャルゥ・ナダの後ろにつき従い、謙虚な気持ちでバビロン市内を行進し始めるのだった。

（第九話　了）

おわりに――富が支えていたバビロンの繁栄

●物語の舞台とその背景

歴史のページをひもといたとき、バビロンほど人の興味をひく都市はないだろう。バビロンという名称を耳にしただけで、たいていは黄金とその美しさをイメージするに違いない。事実、蓄えられた黄金と宝石は、我々の想像をもはるかに超える膨大な量だった。このような裕福な都市であれば、森林に囲まれ、豊富な天然資源に恵まれた土地だったに違いないと考えるのが当然だろう。しかし、この都市はユーフラテス川のほとりの平坦で乾燥した谷に存在した。森も鉱山もなく、建築用の石材すらなかった。自然的に発生した、当時の交易路からも外れていた。作物の収穫には降雨量が少なすぎた。

すなわち、この大都市を支える資源はすべて人間が生み出したものだったのだ。バビロンとは、あらゆる手段を使って目標を達成しようとする人間の能力を示した、驚くべき実例なのである。生み出された富は一つ残らず、人の手になるものだったのだ。

ただ、バビロンには二つだけ天然の資源があった。それは「肥沃な土壌」と「ユーフラテス川の水」である。バビロンの建築技術者たちは、いくつかのダムと巨大な灌《かん》漑《がい》用水路を建設することによって川から水を引き込んでいた。用水路のおかげで、あの乾燥した谷のはるか奥まで、命の源が注がれたのである。この技術は、歴史上最大ともいえる工学的成果の一つに数えられている。こうしてできた灌漑システムは多くの収穫を可能にした。その収穫はそれまででは考えられないほど豊富なものだった。

またバビロンの繁栄には、その地を治めた歴代の王たちの存在があった。王たちにとって、征服や略奪は偶発的なものでしかなかった。何度も戦争を経験したことは確かだが、その多くは、「バビロンの途方もない富を何とか手に入れたい」と望んだ他国の野心に対する防衛戦だった。バビロンの王たちが歴史に名を残しているのは、その知恵と事業と公正さによって統治した所以《ゆえん》による。全世界を征服し、掌握しようとする野心家の王は、ついぞバビロンからは生まれなかった。

都市としてのバビロンは、今では存在しない。数千年にわたって支えた精力的な人間の力が後退すると、街は間もなく見捨てられて廃墟となった。この街の正確な位置は、スエズ運河の東約七百五十マイル（約千二百キロメートル）、ペルシア湾の北西になる。緯度は北緯約三十二度で、アリゾナ州ユマとほぼ同じ緯度にあたる（訳者注・日本では九州の長崎）。気候はそのユマと同じく暑く乾燥している。

灌漑がほどこされたユーフラテス川のこの一帯は、当時人口過密地帯であったが、今日では再び風の吹き抜ける乾燥した荒野に戻っている。まばらな草と砂漠の灌木が、風に動く砂にかろうじてしがみついている。唯一の住民は、小さな家畜の群れを追うアラブの遊牧民だけである。キリスト紀元以来、その姿は変わることがない。

この峡谷には丘が点在していたが、何世紀もの間、旅人たちはこれがただの土の丘だと思っていた。しかし、時折の豪雨に陶器やレンガの破片が流れ出ると、考古学者たちがこの丘に注意を向けるようになった。ヨーロッパやアメリカの博物館の資金により調査隊が派遣され、発掘が開始された。間もなく明らかになったのは、これらの丘が古代の都市だったということだ。それは土に埋もれた都市の墓場というべきかもしれない。

バビロンはその中の一都市だった。その都市の上に、二千年近くにわたって砂漠の砂塵が降りそそいでいたのだ。建物はレンガで造られていたから、屋外の壁はすべて崩壊し土へと帰っていた。それが今日のバビロンの姿である。ただの泥の山となり、崩壊してからあまりにも長い年月が経っていたので、その名さえ知る者もいなかった。何世紀分もの塵を注意深く取り除くことによって現われた高貴な寺院や宮殿の残骸から、初めてその存在が明らかになったのである。

バビロンとこの周辺に栄えた文明は、確実な記録のあるものとしては「世界最古のもの」と多くの学者は考えている。一般に認められているバビロン全盛期の年代は三千年前にまでさかのぼる。この年代を決定づけるにあたって驚くべき発見があった。バビロンの遺跡から発掘されたものの中に、日蝕の記録があり、当時バビロンで観測された日蝕の日時を計算した結果、バビロニア暦と現在の暦との関係が明らかになったのだ。

こうして三千年前、バビロニアの住民たちは、城壁に囲まれた都市に住んでいたことが分かった。それ以前、どれくらい前からこうした都市が存在していたかは、想像にまかせるしかない。

この住民たちは単に城壁に守られた野蛮人ではなかった。彼らは高度の教育を受け、教養も備えていた。歴史上残された記録から判断する限り、この地域一帯に古代文明を築いたとされるシュメール人は、人類史上最初の技術者であり、最初の天文学者、最初の数学者、最初の資本家、そして文字を持った最初の人々であった。

先ほど述べた灌漑システムについては、ほとんどが堆積した砂に埋もれてしまってはいるが、用水路の跡はいまだに辿《たど》ることができる。用水路の中には、水が流れていないときにはその底を十二頭の馬が横に並んで歩けるほどの大きさを持つものもある。またバビロンの技術者は、峡谷一帯を灌漑しただけでなく、同様の規模を持つもう一つの事業を完成させていた。巧妙な排水システムを用いて、ユーフラテス川とティグリス川の河口にある広大な地域を再生利用し、これをも耕作可能にしていたのである。

古代ギリシアの歴史家であり旅行家のヘロドトスは、紀元前五世紀バビロンの最盛期にその地を訪れ、異邦人としてただ一人、当時の様子を描写している。彼は、ハムラビ法典と呼ばれる独特の慣習法とそれに従って生きる人々の様子を描くと同時に、驚くべき肥沃な土壌と、その土が生む小麦や大麦の豊富な収穫にも触れている。

バビロンの栄光は消えてしまったが、その知恵は残された。これはバビロンの人々の記録の習慣のおかげである。当時まだ紙は発明されていなかった。その代わりに人々は、苦労しながら生乾きの粘土の板に骨折って文字を刻んだ。刻み終わると粘土の板は焼かれ、固いタイルになる。縦横のサイズは六×八インチ（約十五×二十センチメートル）、厚さは一インチ（約二・五センチメートル）ほどになる。

この板は「粘土板」と呼ばれ、我々が現在記録しているような内容と変わらない目的で用いられた。そこには伝説や詩、歴史、勅令、その土地の法律、財産への権利、約束手形が記され、さらには遠くの都市へ使者が運んだ書簡もあった。

これらの粘土板から、我々は当時の人々の個人的な世界を覗くことができる。例えば、ある粘土板は農村の商店主の記録の一部で、そこにはある顧客が牝牛を一頭持ち込み、小麦七袋と交換したこと、そのうち三袋はその場で引き渡され、残りの四袋は顧客が都合のいいときに引き取れるようにと保管されていたことが分かる。

崩壊した都市の下には、こうした粘土板の膨大なコレクションが埋もれていたのを、考古学者たちが明らかにしたのである。

バビロンの中でもとりわけ驚くべきものの一つに、この都市を囲んでいた巨大な城壁がある。古代人たちは、この城壁をエジプトの大ピラミッドと並んで、「世界の七不思議」の一つに数えた。バビロンの都市建設の初期に、セミラミス女王が最初の城壁を築いたとされているが、考古学者たちはその一番初めの城壁の痕跡すら、今もなお発見できていない。正確な高さも分かっていないが、大昔の著述によれば、五十～六十フィート（約十五～十八メートル）、外側の表面は焼いたレンガで、その周りは水をたたえた深い濠で囲まれていたとされている。

バビロンの最も有名な城壁は、紀元前六〇〇年頃、ナボポラッサル王（訳者注・在位、前六二五～六〇五年）によって建てられたものである。しかし、その再建計画はあまりに巨大だったために、王の在世中には完成しなかった。それは息子のネブカドネザル王（訳者注・在位、前六〇四～五六二年）に引き継がれ、その名は聖書にも記されている。

その城壁の大きさは、当時の技術ではほとんど信じられないほどで、高さは百六十フィート（約五十メートル）あり、現代の十二階建てのオフィス・ビルに匹敵するものだったといわれている。また、全長は九～十一マイル（約十四～十八キロメートル）もあったと推定されている。しかも城壁の頂上の幅は、六頭立ての戦車が走り回ることができるほどであった。この巨大な建造物は、今は土台と濠の一部以外はほとんど残っていない。城壁はアラブ人たちによって破壊され、別の建設に使うためレンガを切り出してしまったのである。

このバビロンの城壁をめざして、侵略者たちが入れ替わり立ち替わり押し寄せた。バビロンを包囲した王は多いが、いずれも失敗に終わった。当時の侵略者たちにとって城壁はまさに厚い壁で、容易に破れるものではなかった。歴史家は、城壁を攻め落とすには騎兵一万人、戦車二万五千台、千人一連隊の歩兵が千二百隊（百二十万人）

必要だと述べている。包囲するだけで、軍需物資の用意や食糧確保の準備にしても、二、三年かかっただろうといわれている。

市街は現代の都市とほぼ同じように区画・配置されていた。街路が張り巡らされ、商店があり、住宅地域では行商人が物品を売り歩いた。聖職者たちは豪華な寺院で職務を執り行なった。市内にはさらに内側に城壁があり、中の王宮を守っていた。王宮を囲む城壁は市を囲む城壁よりさらに高かったという。

またバビロニア人は芸術にも秀でていた。彫刻、絵画、織物、金細工、金属製の武器や農具の製造など、あらゆるものに装飾がほどこされ、宝飾職人たちは技術の高い宝飾品を生み出した。それらは富豪たちの墓から発見され、世界中の主な博物館や美術館に展示されている。

当時、世界のほかの地域では、まだ石製の斧で木を切り、黒曜石で作った槍や矢を使って狩りや戦争をしていた。そのような時代に、バビロニア人たちは金属製の斧、槍、矢をすでに用いていたのである。

さらにバビロニア人は賢い資本家であり、商人でもあった。物を買う手段として最初に通貨を発明したのも彼らであり、約束手形や所有権利証書を最初に使用したのも彼らだったといわれている。

バビロンは繁栄を続け、紀元前五四〇年頃まで、敵国に侵略されることはなかった。むろん城壁も破られることもなかった。そしてそのバビロンの陥落もまた、ほかに例のないものといえる。当時の偉大な征服者ペルシア帝国の王キュロス（在位、前五五九～五二九年）は、この都市を攻撃することを画策し、難攻不落といわれたバビロン城壁を破れるという自信をのぞかせていた。

バビロン王ナボニドス（在位、前五五五～五三九年）の側近たちは、街が包囲される前に打って出るべきだと王を説得した。ところが戦闘でバビロニア軍が敗れると、なんと一行は街を捨てて逃げてしまったのだ。キュロスは開いたままの門を入り、抵抗なしにバビロンを接収すればよかった。

それ以後、この街の力と地位は徐々に衰え、二、三百年のうちに住む者もいなくなり、街は放棄された。住人は風と雨だけとなり、この都市が築かれる前の自然の姿に戻された。バビロンは滅び、その後二度とよみがえることはなかった。

悠久の時が、誇り高きその都市を粉々にし、土へと帰した。しかし、偉大なる「バビロンの知恵」は、今も私たちの暮らしの中に脈々と生き続けている。

（「バビロンの大富豪」　了）

（付記）

本作『バビロンの大富豪』（原題「THE RICHEST MAN IN BABYLON」）は発表当初（一九二六年とされる）、まずパンフレットの形で発行された。出版社の社長でもあった作者のジョージ・S・クレイソンは、古代都市バビロンを背景にした人生哲学的寓話を定期的に発表し、知人や関係者に配布した。それが次第に銀行・保険会社といった金融業界の人々や一般企業の経営者・幹部の知るところとなり、その評判は一気に広がった。

やがて、そうした人たちの支持により一冊の本として刊行されるに至る。本はベストセラーを記録し、一〇〇年近く経過しているにもかかわらず、いまだにその人気は衰えず、欧米の多くの人に愛読され続けている。自己啓発・蓄財哲学に関する名著として、まさにきわめつきのロングセラーといえよう。

日本語版の底本となったペーパーバック版でさえ、一九九一年の刊行以来すでに数百万部以上の売り上げを記録、ハードカバーの初版までさかのぼれば、その数字は何倍にもなるとされ、初期のパンフレットでの読者を含めると、このシリーズに接した読者は膨大な数に昇るだろう。「時代を超えたベストセラー」と称される所以《ゆえん》である。

ちなみにインターネットによる書籍販売で知られる「Amazon.com」の米国における売り上げ順位は、二〇二一年三月現在においても、総合で四六〇位、資産管理部門で六位にランクされ、「不滅の名著」であることを証明づけている。

本書が書かれた一九二〇年代と現代とでは、社会背景、経済情勢等々大きく変化しており、「バビロンの知恵」も今の時代に即して多少アレンジする必要があるかもしれない。

しかし、その真髄部分をなしている「原則」は全く不変であり、現在でも決して侮れるものではない。むしろ現在の日本においてこそ、得るところ大の「原則」といえるかもしれない。

老若男女を問わず、ぜひ多くの方々にこうした「知恵」を知っていただき、それぞれの生活の中でそれらが活かされることになれば、本書を刊行した意義と喜びはいっそう増大することだろう。

（グスコー出版）

（著者）**ジョージ・S・クレイソン**
（George Samuel Clason）
1874年、米国ミズーリ州生まれ。大学卒業後、1898年の米西戦争に陸軍兵として参加。兵役後、出版社を設立し、米国とカナダの道路マップを初めて刊行する。1926年より、バビロンを舞台にした一連の寓話シリーズをパンフレットの形で発行。銀行や保険会社、一般企業の経営者たちを中心に評判が広がり、やがてそうした人たちの手によって何百万もの人々に紹介され、膨大な読者を生むことになった。
『バビロンの大富豪』は、現在でも蓄財哲学・自己啓発の名著として多くの人に支持され、職業・地位を問わず、あらゆる層の人たちに愛読され続けている。1957年、カリフォルニアにて没。

（訳者）**大島　豊**（おおしま・ゆたか）
翻訳家。東京都生まれ。著書に『アイルランド音楽　碧の島から世界へ』（アルテスパブリッシング）がある。訳書に『火星シリーズ』『驚異の発明家の形見函』『形見函と王妃の時計』（東京創元社）、『ギネスの哲学』（英治出版）、『超医食革命』（グスコー出版）など多数。

本書は、二〇〇八年に弊社から刊行された
『バビロンの大富豪』を文庫化したものです。

文庫版
バビロンの大富豪《だいふごう》
「繁栄と富と幸福」はいかにして築かれるのか

2021年 5 月20日　第 1 刷発行
2024年11月10日　第 6 刷発行

著　者　ジョージ・S・クレイソン
訳　者　大島　豊
発行者　佐藤八郎
発行所　株式会社グスコー出版
東京都品川区大井1-23-7-4F　〒140-0014
販売部　03-5743-6782　FAX 03-5743-6783
編集部　03-5743-6781　FAX 03-5743-6783
https://www.gsco-publishing.jp
info@gsco-publishing.jp
印刷・製本　モリモト印刷株式会社

ISBN　978-4-901423-27-4　C 0198